Danilo, eres un hermano y amigo ___ ____ ____ ____ ____ para que
ser ese ejemplo de buen testimon. _ ____ _ ____ _ para que
yo le sirviera al Señor juntos en el Ministerio Sígueme. Sé
que hubo pasajes en tu vida en que las cosas no fueron fáciles, pero siempre fuiste muy valiente y enseñable. Algunas
veces la familia y tus amigos te faltaron, pero el amor de
Dios fue tu medicina restauradora. A pesar del agotamiento, dolor sufrido, rechazo y humillación siempre estuviste
con un corazón confiado esperando el milagro del Señor. Tú
eres una carta abierta de la misericordia y del amor de Dios,
mostrando madurez y disciplina. En estos últimos tiempos
Dios tiene cosas de mucha bendición con las riquezas, honra
y vida que son la recompensa de los humildes y de los que
temen a Dios. Recuerda las palabras del salmista: Los que
sembraron con lágrimas, con regocijo segaran.

GUISELLE MONTERO C.
Salmista y cofundadora de Sígueme, Costa Rica

Este primer libro de Danilo de seguro enriquecerá la vida de
muchas personas. En los años que tengo de compartir con él
he podido ver a un hombre que está en busca de lo real, por
lo tanto todo lo que comparte en este primer libro es honesto y sacado de lo que Dios le ha enseñado. Doy gracias a
Dios por mi amigo y por la motivación que recibo de él.

JAIME E. MURRELL
Ministerio Alcanzando a las naciones

Danilo es uno de los príncipes de la alabanza y adoración
que Dios ha levantado en estos últimos tiempos para mostrarnos su corazón. Su forma de adorar es el catalizador que
tantos necesitamos para llegar ante la presencia del padre.

JESÚS ADRIÁN ROMERO
Vástago Producciones

Danilo nuestro hermano, nuestro asistente (cuidando a nuestros niños) nuestro alumno y sobre todo nuestro querido amigo. Conocimos a Danilo cuando era apenas un adolescente lleno de confusión, lo conocimos en sus luchas y sus triunfos, pero siempre lo caracterizó su búsqueda de una intimidad con el Padre, siempre queriendo alcanzar el corazón de Dios. Danilo tuviste un sueño y tu vida ha sido el desarrollo y la ejemplificación de ese sueño. Has probado que no importa cómo haya sido nuestro pasado. Conociendo el amor que el Padre Celestial tiene por nosotros podemos perdonar todos los agravios y no sólo recibir el abrazo del Padre sino extender los nuestros para abrazar a otros. Nos sentimos muy orgullosos de ti.

JIMMY E ILSE COLEMAN
Misioneros, Costa Rica

Cuando pienso en Danilo, pienso en un amigo, en una persona auténtica, en un hermano, en alguien con un gran don de gente, y sobre todo en una persona que conoce a Dios. Han pasado los años y sigue siendo el mismo, un cristiano con un gran corazón de servicio, un adorador que guarda la frescura de alguien que suele estar cerca de Su Dios. Que honor poder conocer lo profundo de sus pensamientos en este magnífico libro.

SIXTO PORRAS
Director Ejecutivo para América Latina
de Enfoque a la familia

He estado cerca de Danilo, desde su conversión hasta su ministerio, y podría compartir miles de anécdotas, pero más que eso, dar gracias al Señor por un joven sincero, leal, amante y adorador, que tiene mucho que compartir con todos los que anhelamos servirle al Señor con excelencia.

PASTOR RAÚL VARGAS
Iglesia Oasis de Esperanza, Costa Rica

El día que conocí a Danilo, lo abracé como si Dios mismo me pidiera mis brazos para amarlo y cobijarlo. El Espíritu Santo me dijo: «adóptalo como a un hijo». No pude resistirlo. Las experiencias en la vida de Danilo lo han hecho fuerte y tierno a la vez. Su formación mayor ha sido en el taller de la contemplación de la presencia de Dios. Lo que ha hecho grande y admirable su ministerio ha sido la plataforma desde donde ministra; la humildad y la sencillez. Sé que lo que leerás en este libro te llevará a conocer la verdadera personalidad del Padre y te animará a acercarte más a Aquel que sufrió demasiado sólo por amor a ti.

PASTOR REY MATOS
Ministerio Las Catacumbas
Puerto Rico

Me siento privilegiado de haber conocido a Danilo Montero durante una participación que tuvo en uno de los congresos de adoración y alabanza que se llevaron a cabo en las instalaciones de Fraternidad Cristiana de Guatemala en 1992. Ahora me da mucho gusto ver que su ministerio de música, canto y predicación es conocido internacionalmente y confío en Dios que su desarrollo continuará hasta llegar a las cumbres más altas. Que bueno que ahora nos presenta otra faceta de los talentos recibidos por Dios como lo es en presentarnos este libro. Oremos para que el buen ejemplo de Danilo inspire a muchos mas para caminar, por la senda correcta y disfrutar de «El Abrazo del Padre».

PASTOR JORGE H. LÓPEZ
Fraternidad Cristiana de Guatemala

Danilo representa la nueva generación de líderes emergentes cuyo único compromiso es con Jesucristo a quien aman con todo el corazón. Su ministerio es como una flor bella que cautiva a todos los que lo conocen y los provoca para que amen a Jesús. ¡Muchas gracias Danilo por tu vida y por tu ejemplo!

ALBERTO H. MOTTESI
Evangelista

En el transcurso de mis años de ministerio han pasado frente a mí valiosísimas personas que han entregado sus vidas al servicio del Señor. Sin embargo, puedo reconocer en Danilo la huella de un hombre ungido por Dios, para ser vocero e incluso en muchos lugares pionero, de lo que realmente es la alabanza y la adoración como estilo de vida del cristiano verdadero. Puedo decir con confianza que cada palabra que usted disfrutará de este libro, es el resultado de una larga caminata, donde algunas veces el sendero se ha tomado duro y difícil. Danilo es un testigo más de la inigualable misericordia y del dulce amor del Padre; y sé que disfrutarás de esta lectura, fluirá para ti la sabiduría y pasión por la presencia de Dios, que se han mezclado con la tinta y el corazón del escritor.

PASTOR ERIC LINOX
Iglesia Oasis de Esperanza, Costa Rica

El Abrazo
del Padre

Danilo Montero

CASA
CREACIÓN
Para vivir la Palabra

Para vivir la Palabra

MANTÉNGANSE ALERTA;
PERMANEZCAN FIRMES EN LA FE;
SEAN VALIENTES Y FUERTES.
—1 CORINTIOS 16:13 (NVI)

 El abrazo del Padre por Danilo Montero
© 2020 por Danilo Montero
Publicado por Casa Creación
Miami, Fl
www.casacreacion.com

Copyright © 2001 por Danilo Montero
Todos los derechos reservados

ISBN: 978-0-88419-715-7
E-BOOK ISBN: 978-1-61638-287-2

Desarrollo editorial: *Grupo Nivel Uno, Inc.*

Impreso en Colombia

20 21 22 23 LBS 7 6 5 4 3 2 1

DEDICATORIA

A la dulce memoria de Cristy,
mi madre, por cuyos sacrificios y
oraciones soy lo que soy.
El cielo debe verse mejor contigo.
Siempre te extrañaré...

AGRADECIMIENTOS

Raúl, nadie me ha enseñado tanto a lo largo de tanto tiempo como tú. Gracias por recibirnos como a una familia y por seguir sonriendo y amando después de 25 años, tal y como lo hiciste cuando recién llegamos a nuestra casa espiritual. Quiero dejar impresa una huella en otros, como la que has dejado en mí la huella sencilla, pero trascendente de un pastor.

Jimmy e Ilse Coleman, ¿Qué tenían esos cafés que me marcaron tanto en mi juventud? Yo sé lo que era: vi a Dios en ustedes. Lo vi suplir cuando no había nada en su mesa, lo sentí escuchando cuando yo lo necesitaba y me aconsejó incontables veces usando como medio, el amor que ustedes le profesan a Su Palabra.

Rey y Mildred Matos, Cuando la carga se hizo más pesada Dios les trajo a mi vida. Descubrí el gozo de la verdadera amistad y gusté como nunca de la bendición de un padre espiritual.

¡Muchas gracias a mi amiga *Liz Edén!* Un poco de cuidado y otro poco de la «milla extra» me han ayudado muchísimo para terminar este libro. Gracias a *Tessie Güell de DeVore y a todos en Casa Creación:* la gente que cree en nosotros como ustedes lo hacen, son como la brisa que impulsa el velero de nuestros sueños y que nos dan el gozo inexplicable de navegar hacia donde nunca antes fuimos.

Gisela Sawin, compartes el gozo que tengo de dar a luz mi primer libro, sin tu ayuda en la edición, no hubiera sido posible. ¡Estoy en deuda contigo!

George Hernández, Nana, Alessandra y Rebe, ustedes son los héroes secretos detrás de este libro. Gracias por las transcripciones, las correcciones y las sugerencias.

A mis muchachos del grupo Sígueme y a mi equipo de colaboradores…gracias por creer conmigo que soñar es posible, junto a ustedes mi juventud ha sido plena y mi llamado se ha hecho más emocionante; ¡el camino apenas ha comenzado!

Por último, gracias a *ti* que has orado por mí y por este libro, ahora que lo tienes en tus manos, seré yo quien ore que tu espera no haya sido en vano…gracias otra vez.

ÍNDICE

Marco Barrientos

PRÓLOGO

El recuerdo es muy claro en mi mente. Era un cálido sábado por la tarde, en un centro de readaptación social para jovencitas delincuentes en la ciudad de México. Cada semana, nuestro grupo de jóvenes visitaba ese lugar para compartir acerca del amor de Dios que siempre está dispuesto a perdonar y dar una nueva oportunidad al que ha fallado.

Aquel día, Silvia se había acercado al lugar donde acostumbrábamos reunirnos, atraída por la música, o quizás por el deseo de conversar con alguien para matar un poco el aburrimiento. Pronto llegó el momento de compartir con ella la historia de un Padre amoroso, que al regresar su hijo a casa, después de haber malgastado su herencia viviendo perdidamente, fue recibido con júbilo, sin importar su condición. «De la misma forma» le dije, «tú tienes un Padre que te ama y está esperando que regreses a casa». No estaba preparado para su reacción. Sus ojos se volvieron rojos de coraje. Podía sentir el odio en sus palabras cuando me dijo: «¡No me hables de un padre amoroso! ¡Esa es una mentira! ¡Aborrezco a mi padre y nunca quiero volver a verlo!»

Para ella, la imagen del Padre, que debería ser sinónimo de amor, confianza, protección y provisión, había sido terriblemente distorsionada. Una vez más, el Padre Celestial había sido mal representado por la crueldad y egoísmo de un hombre, que en vez de proveer un lugar de refugio para su hija, había abusado sexualmente de ella, y la había forzado a prostituirse y robar desde los 15 años.

Por unos momentos, me quedé callado, sin saber que decir, impotente ante el dolor que evidentemente mantenía a Silvia en una prisión de rencor y odio. Recuerdo que sólo pude asegurarle que, aunque su padre terrenal hubiera abusado de ella, Dios quería adoptarla como hija suya, borrar su pasado triste y llevarla a la casa del Banquete. Cuando oramos, le pedí a Dios que la rodeara con sus brazos de amor y que se manifestara a su vida como el Padre que ella necesitaba. Sus lágrimas brotaron pronto y su expresión dura fue cambiada por un rostro anhelante de afecto y aceptación.

¡Cuanta falta nos hace el abrazo del Padre! Una generación herida camina y tropieza en su juventud, aborreciendo a sus padres y jurando que nunca serán como ellos, sólo para causar el mismo dolor y las mismas heridas sobre sus propios hijos. Cuanta falta nos hace la seguridad de un hogar donde el amor, aceptación y perdón del Padre crean un ambiente saludable donde se experimentan las relaciones más íntimas, donde se aprenden la mayoría de los hábitos, donde se desarrollan nuestras primeras reacciones emocionales, donde hacemos nuestras primeras decisiones acerca de nuestros valores.

Sólo los brazos de Dios son suficientemente grandes para disolver nuestro dolor con su extraordinario e incondicional amor. Sólo nuestro Padre Celestial es profundamente movido por nuestras presiones y problemas. Sólo Él nos entiende!

Es por eso que creo firmemente que este libro, *El abrazo del Padre,* será como agua fresca al corazón sediento por tener un renovado encuentro con la preciosa gracia de nuestro incomparable Dios. Y quien mejor que Danilo Montero para guiarnos en este viaje sanador, ya que cualquier persona que lo haya escuchado compartir un mensaje de la Palabra de Dios se habrá dado cuenta de que es un extraordinario contador de historias.

Sin duda alguna, Danilo se ha destacado como un orador que es capaz de transportarnos con su narrativa, hasta los momentos en donde tantos hombres y mujeres de Dios vivieron situaciones de profunda soledad y confusión, y como la gracia de Dios los alcanzó. El detalle con el que describe en sus conferencias los encuentros que diferentes personajes bíblicos tuvieron con Dios, me fascina.

Pero ahora, con su primer libro, el autor nos presenta una obra que demuestra que Dios lo ha escogido no sólo para guiarnos hasta su Presencia en adoración y motivarnos con sus conferencias, sino para dejar un testimonio escrito de Su amor. Ciertamente, no todos los buenos oradores son buenos escritores, pero con *El Abrazo del Padre*, Danilo me ha impresionado profundamente y ha tocado mi corazón.

En los últimos años he podido apreciar cómo Dios está levantando una generación de jóvenes comunicadores latinoamericanos que están trayendo un mensaje de reconciliación, aceptación y sanidad a un pueblo carente de autoestima y de un sentido de destino a causa de su orfandad espiritual. Mi oración es que este libro sirva de modelo de lo que Dios quiere hacer con muchos otros «Danilos» que han sido llamados por Dios para hacer una diferencia en su generación, si tan sólo reciben como él, *El abrazo del Padre*.

Marco A. Barrientos

Dallas, Texas

Marcos Witt

PRÓLOGO

La vida de Danilo siempre me ha inspirado a conocer más de Dios. Desde la primera vez que tuve la experiencia de estar en una reunión donde él presidía el tiempo de alabanza y adoración, pude comprobar que es un hombre que tiene un profundo anhelo por Dios. Ese anhelo ha inspirado a literalmente millones de personas a buscar más el rostro del Señor.

De las muchas experiencias que ha vivido, ministerial y personalmente, nace este libro. Un relato hermoso sobre la necesidad de conocer *a* Dios en lugar de conocer *de* Dios. Cuánta necesidad tenemos de hacer una pausa y reconocer que muchas veces hablamos *de* Dios sin realmente conocer Su corazón.

Al leer este manuscrito, lo que me impactó más que cualquier otra cosa es la apertura con la que nos habla Danilo.

Como lector, pude comprobar que me habla de algo que vive diariamente, no de algún sueño teórico. Con mucho tacto nos guía por una serie de pensamientos y experiencias muy íntimas que lo han llevado a cuestionar muchas de sus acciones y actividades. Esta fue la pregunta que escuché a través de todo el libro: «¿Conoces a Dios, religiosa o personalmente?» Sinceramente, su pregunta me tocó al corazón. Cuando nos lo preguntemos con frecuencia es cuando nos cuidaremos de no caer en la religiosidad y todos sabemos que lo que menos necesitamos en América Latina es más religión.

Estoy seguro que al leer este libro, se encontrará más enamorado del Señor. Cuando llegué al último capítulo, encontré lágrimas en mis ojos al pensar en lo hermoso que es mi Señor y de cuánto realmente lo amo.

Gracias Danilo por hacerme amar más a mi Señor, no sólo con tu vida y tus canciones, sino ahora también con este primero de muchos escritos que Dios ha puesto en tus dedos.

Marcos Witt
Houston, Texas

Mi alma tiene sed de Dios,
del Dios vivo…
un abismo llama a otro…

—Salmo 42:1, 7

INTRODUCCIÓN

Durante mis veintes acostumbré comprar la revista *Life* porque me gustaban las fotografías que publicaban. Una de las imágenes que nunca olvidaré fue la de dos gemelos recién nacidos. El artículo relataba la sorprendente historia del nacimiento difícil y prematuro. Uno de ellos salió de la incubadora pocos días después de nacido, pero el otro tuvo que quedarse. A pesar de los enormes esfuerzos que realizaba el equipo médico su condición era crítica, al punto que comenzaron a temer perderlo. Una de las enfermeras que cuidaba y que se había encariñado con el pobre niño tuvo una idea, trajo a su hermanito y lo acostó al lado. Para su sorpresa casi de inmediato, el niño extendió su brazo y lo dejó alrededor de su compañero enfermo. La fotografía los mostraba acostados boca abajo, a la izquierda, el pequeño y debilucho, lleno de mangueras y al lado, abrazándole estaba su hermano. La escena es conmovedora de por sí, pero es más impresionante lo que pasó luego. Pocas horas después el pequeño comenzó a asimilar el alimento que parecía rechazar y poco a poco, los medicamentos surtieron efecto. Estaban presenciando un verdadero milagro… el milagro que produce el vínculo entre hermanos.

Los seres humanos añoramos una conexión que perdimos en el pasado y que definimos a través de los retratos guardados en la memoria: la sonrisa de un ser amado que se fue, el regazo de nuestro padre, las largas horas de juego en el campo con nuestros hermanos; o el olor de la casa donde crecimos, el aroma del primer libro de escuela, o el calor de un vientre que nos cobijó… No extrañamos tanto los momentos como a las personas que hicieron esos momentos. Anhelamos sentirnos conectados con otros, amados y amando. Eso es en esencia el hogar que busca el alma del hombre.

Muchos construiremos con cemento y arena una habitación donde nuestra alma construya ese «hogar» junto a nuestros amados. Para otros, ese hogar se encuentra en el corazón de una compañera o compañero o en la dulce compañía de nuestros hermanos y amigos.

Sin embargo, mas allá de las memorias de color sepia que adornan ese hogar añorado, está el principio de todos nuestros sueños, la razón de nuestro anhelo existencial: un hogar del que salimos por desobediencia, un jardín que perdimos, y en él, a un verdadero Padre…el que nos dio la vida. Extrañamos su tierna voz, su sabio consejo, el calor de su mirada y el solaz que se halla en su abrazo. Dios

Padre, es la fuente de la que provenimos y a la que deseamos volver. Su amor es la fuente de todo amor y la sustancia de todo lo que pueda satisfacer al alma humana. En su amor nos creó y nos dio un nombre, en ese nombre se encierra nuestra identidad verdadera y el propósito sublime de nuestra existencia.

Algunos pasarán por la vida negando este deseo espiritual, otros preferirán calmar el desasosiego del alma tratando de beber de las fuentes finitas del amor humano. Otros correrán a construir escaleras quebradizas hacia el cielo o tejerán un suntuoso vestido que cubra el frío de su alma necesitada con la tibieza pasajera de la religión.

Sin importar cual sea el camino que escojamos seguir, lo cierto es que nuestro espíritu seguirá gritando: ¿Dónde está mi Padre y mi Dios?.

Esa es la angustiosa voz de la raza caída encarnada en el «Hijo» moribundo:

—«Dios mío, Dios mío, ¿por qué me has desamparado?» (Mateo 27:46)

En la crucifixión, el Hijo de Dios, tomando nuestro lugar, verbalizó la oración existente en el espíritu del hombre, es el clamor de un hijo por su Padre; tal clamor sólo encuentra respuesta en la entrega de nuestro espíritu en las manos de Dios:

—«Padre, en tus manos encomiendo mi espíritu». (Lucas 23:46)

Lograr admitir que anhelamos esa conexión con nuestro Padre es el punto de inicio de la verdadera espiritualidad. La comunión genuina con Dios es el tema de este libro.

Confío que al recorrer sus páginas también camines por las páginas de tu alma hasta reencontrar tu hambre por Dios. El camino puede ser rudo al inicio, pues debes admitir que hay rocas que dejaste estorbando tu paso y que debes quitar. Es una senda que requiere la honestidad suficiente para admitir que te has escondido detrás de temores, orgullos y religiosidad con tal de no encontrarte cara a cara con tu Padre. Sin embargo ese encuentro que tanto tememos es la meta máxima de nuestro espíritu y es el monte donde nuestra alma ve a Dios y descansa otra vez. Descubre esos obstáculos escondidos en el corazón fugitivo de Jonás; en la arrogante túnica espiritual del fariseo o en los elaborados engaños de Jacob. Quizás logres ver tu rostro en ellos, como yo encontré el mío; si lo haces, cada uno te invitará a seguir un solo camino. Algunos empujados por olas, otros abriéndose paso entre miradas juiciosas; otros atravesaron montes que se estremecían y nubes de temor como Moisés, pero todos lograron llegar.

¡Sigue su ejemplo! Ellos marcan un derrotero que no es difícil de alcanzar, de hecho inicia con un solo paso, con una oración y con una determinación: «Volveré a casa».

¡Adelante entonces! Corre el velo, sube la montaña, da vuelta a la página… al otro lado te espera el Abrazo del Padre.

Nadie es más esclavo que aquel
que vive a merced de su propio egoísmo
y nadie es más libre que aquel
que ha rendido su voluntad
a merced de otro;
cuando ese otro es Dios.

Capítulo 1

EN EL VIENTRE DE UN PEZ

M is pastores habían decidido enviar a todo el equipo pastoral a recibir un entrenamiento bíblico en los Estados Unidos. Por esa razón, Raúl mi pastor, me pidió que fuera su asistente. Para entonces tenía diecisiete años y recién terminaba la escuela secundaria. Acepté gustosamente pues tenía la esperanza de que la experiencia me ayudaría a confirmar el llamado de Dios a un ministerio. Había servido activamente en mi congregación por más de cinco años como diácono, presidente de jóvenes y maestro de niños. Sin embargo, esa nueva responsabilidad provocó en mí el intentar doblar mis disciplinas espirituales. Esto fue muy duro pues cargaba sobre mí la expectativa autoimpuesta de ser un ejemplo y de cumplir con lo que todos querían que yo fuera como líder. Durante este tiempo oraba cuatro y cinco horas por día. Pero mis oraciones eran largos monólogos solitarios. Eran cinco horas de perfecta intercesión, pero no de dulce comunión con Dios. Ayunaba por lo menos tres veces por semana. Mi vida estaba dominada por una compulsión por hacer y hacer.

Dupliqué mis esfuerzos para ser un cristiano ejemplar, pero cuanto más me esforzaba por alcanzar metas espirituales, más fuertemente afloraba en mí la naturaleza humana. Así fue que comenzaron a salir a flote las áreas de mi vida que nunca había tratado adecuadamente, en particular, aquellas puertas abiertas al pecado.

Cuando mi pastor me confrontó sobre estas cosas, descubrió en mí a una persona testaruda y rebelde. Esa situación causó un enfrentamiento muy fuerte entre nosotros y finalmente me sentí acusado de cosas que a mí parecer no había hecho. Entonces, simplemente exploté y me marché de la iglesia.

Ingresé a la universidad e inicié una nueva etapa: un proceso de liberación por un lado y de esclavitud por otro. Me liberé de las máscaras que inconscientemente escondían mi verdadero rostro emocional. Eso fue bueno y sanador pues me dio la posibilidad de conocerme y aceptarme a mí mismo. Pero como era demasiado inmaduro en el manejo de mi nueva «libertad», abusé de ella y abrí el alma a todo aquello que me alejase de Dios.

Una incómoda sorpresa

Conforme trataba de pasar por nuevos «caminos» de desobediencia, me encontré sorprendido por un insólito descubrimiento: entre más lejos quería llegar, más cerca percibía a Dios. Tenía una noción de Su presencia acompañándome donde quiera que iba. No me refiero a una «programación» mental religiosa que me condicionara de alguna manera. Hablo de una «experiencia» genuina con Su presencia. Dios se convirtió en un compañero inesperado, un «aguafiestas» que arruinó algunas de mis aventuras de rebelde, por lo menos así lo pensé por algún tiempo. Su presencia llegó a ser tan incómoda, que simplemente no podía pecar a gusto.

¿Cómo era posible que cuando no le estaba buscando, Él me siguiera? Esa presencia que angustiosamente procuré encontrar en mi adolescencia, ahora era ineludible. Tarde o temprano, tuve que admitir que Dios no era más una «idea» encerrada en el sistema de la iglesia, era una realidad con la que tenía que lidiar de alguna forma.

Hubo dos factores que influenciaron mi regreso a Dios: el primero, mis amigos los Coleman, y el segundo, un encuentro con Dios.

Jimmy e Ilse se acercaron a Dios a raíz de las crisis financieras y matrimoniales que enfrentaron luego de una vida alejada de la fe. Su casa fue un refugio en mi juventud, especialmente cuando las cosas se ponían difíciles en mi hogar.

Detrás de la puerta de su casa encontraría las dinámicas normales de cualquier familia: trabajo, planchas, cambios de pañales, brochas para pintar y muebles que construir. Sin embargo, frecuentemente la rutina de la vida doméstica era interrumpida por las alabanzas que Ilse entonaba mientras tocaba un pandero seguida por sus cuatro hijos que danzaban emotivamente por toda la casa. La Palabra de Dios era el comentario de rigor, y la oración el «postre» esperado luego de una buena charla.

Aquella pasión contagiante me tocó durante esa crisis que atravesé. Quería esa vivencia que conectaba su corazón con el cielo, pero al mismo tiempo, dejaban sus pies bien puestos en la tierra. No había estereotipos religiosos ni imposiciones rigurosas, era una vivencia genuina con Dios.

En segundo lugar, tuve un encuentro transformador con Dios. Era un fin de semana de fiesta y pensaba irme con algunos amigos. Pero mientras planeaba lo que haría, volví a sentir la presencia de Dios caminando a mi lado. Me enojé, discutí con el Señor un rato y en pocas palabras le dije:

«Estoy cansado de que me busques. Me echas a perder las cosas. ¿Por qué no te quedas encerrado en la iglesia, o si lo prefieres, en mi cuarto? Déjame en paz. Le dediqué mi vida a la iglesia, a tu servicio, y hasta donde yo veo, no he recibido nada a cambio. En la iglesia fui tratado injustamente. Por lo tanto, no quiero nada

contigo ni con la iglesia. Si me estás buscando para servirte, puedes darte por vencido, nunca más te serviré».

En ese momento reconocí la voz de Dios que me habló: *«Quiero que sepas que aunque nunca vuelvas a servirme, Yo te seguiré amando igual. Porque no te amo por lo que hagas por mí, sino por lo que eres. Y eres mi hijo, no hay nada que puedas hacer para cambiar eso».*

Su voz cambió mi rebeldía y me trajo de regreso a su amor.

Recién entonces descubrí lo pecador y rebelde que puedo ser como humano, pero también vi lo que usualmente obviamos: **Cuán amados somos por el Señor.**

Nada conquista las duras tierras rebeldes del corazón del hombre como el «emblema» de Su amor revelado a nosotros. Ese amor incansable nos persigue y nos atrae con lazos de perdón, deshaciendo el hielo del resentimiento, y nos calienta cerca de su pecho. No hay dureza que resista el dulce golpe que nos somete y nos seduce.

En mi juventud quise rendir mi corazón a Dios a base de duras disciplinas, restricciones y mucho servicio, pero sin lograrlo. Ahora que no podía ofrecer nada, era amado tan intensamente como siempre, sólo que ahora ¡LO SABÍA!

A partir de ese encuentro sentí una intensa hambre espiritual. Antes de esta experiencia quise «hacer» muchas cosas pues iba detrás de un ministerio que lograra complacer a Dios. Ahora caminaba detrás del Señor y mi único deseo era conocerlo más íntimamente. Los próximos años los dediqué a buscar a Dios a través de la oración, la adoración profunda y la meditación en Su Palabra.

Confrontando nuestro secreto

La historia de Jonás es la de uno, que, al igual que yo, quiso huir de la presencia de Dios. El Señor le había pedido que fuera a Nínive, la ciudad más importante de Asiria. Según datos que obtenemos luego del profeta Nahúm, Nínive había caído en pecados como el de pensar cosas malas contra Dios, explotar al desvalido, ser cruel en la guerra, adorar ídolos, la prostitución y la brujería. Esta ciudad estaba aproximadamente a ochocientos kilómetros al noreste de Israel. Jonás debía advertirles del inminente castigo y declararles que podían alcanzar misericordia y perdón si se arrepentían.

Jonás no era cualquier persona, era un hombre ungido por Dios. Probablemente ya antes había realizado otras misiones importantes. La tarea de evangelizar la capital del mundo era solamente para un héroe en el Espíritu, ese tipo de hombre que conoce a Dios y está entrenado en los duros campos del Espíritu. Dios había revisado la lista varias veces. Nadie en todo el reino calificaba para esta tarea como él. El problema es que Jonás no quiso ir.

—*Un momento Señor*—, se dijo a sí mismo Jonás— *yo te conozco, los perdonarás después de que yo predique, y no quiero que eso suceda. Espero que esa ciudad, capital del pecado, sea juzgada. Ese reino de incircuncisos debe pagar por lo que le ha hecho a tu pueblo.* ¿Sería esa la razón por la que Jonás se resistió a ir? La verdad no la sabemos con certeza. Este supuesto monólogo interno sólo trata de ilustrar lo que pudo brotar del corazón de este héroe de Dios. Al final, el más sorprendido con esto no fue Dios, pues Él ya lo sabía, sino Jonás mismo.

Cuando el profeta preguntó: —*¿Y dónde se supone que esté Nínive?* El dedo de Dios señaló el camino hacia el este. Inmediatamente Jonás se levantó y corrió exactamente en el sentido contrario, escapó hacia el oeste. Compró un boleto de ida y se metió en el primer barco que encontró para irse tan lejos como pudiera. Su destino era Tarsis... el fin del mundo conocido hasta ese momento.

¿Cómo pudo hacer tal cosa? Sobre todo si tomamos en cuenta que estaba a las puertas de vivir una «promoción» sobrenatural de su ministerio. En pocos días, miles y miles de personas acudirían al Reino de Dios como consecuencia de su prédica. Un reino sería perdonado, una ciudad salvada del juicio y el nombre de Dios dado a conocer. Todo lo que un siervo de Dios sueña alcanzar algún día. Todo estaba a la vuelta de la esquina para Jonás. Sus oraciones serían contestadas, su deseo de ser útil sería cumplido.

¿Por qué hay ocasiones en que el ser humano hace exactamente lo último que debía hacer? ¿Por qué algunos ministerios se regresan justo a las puertas de la cúspide de su llamado? ¿Cuál será la razón para que enfrentemos la prueba más determinante cuando más cerca estamos de nuestro sueño?

Esto se debe a que antes de poder ver lugares más altos en nuestra experiencia espiritual debemos atravesar el estrecho puente de la confrontación. Puesto que la puerta divina a nuevas dimensiones de unción y servicio es la obediencia.

La verdad es que antes de tocar el fresco verde de un nuevo campo espiritual, Dios nos llevará a descubrir lo único que puede estorbar nuestra relación con Él, el secreto escondido en nuestro corazón: la rebelión.

¿Rebelión? ¿En un siervo como Jonás? ¿En mí?

Empujones de gracia

Pero una extraña tormenta se desató sobre el barco del escape. Pronto, la piel bronceada del prófugo sintió el impacto frío de las gotas y la fuerte brisa anunció un cambio de planes.

Entre tanto cada uno decía a su compañero: «Venid y echemos suertes, para que sepamos quién es el culpable de que nos haya venido este mal». Al hacerlo, esta cayó sobre Jonás. Y como el mar se embravecía cada vez más le preguntaron: «¿Qué haremos contigo?» Él mismo les dijo: «Tomadme y echadme al mar, y el mar se os aquietará; porque yo sé que por mi causa ha venido esta gran tempestad sobre vosotros» (Jonás 1:12). En pocos minutos los marineros estaban sosteniendo a Jonás de sus extremidades y a la cuenta de tres fue lanzado al mar.

La tormenta se aquietó. Los nubarrones se esfumaron, el viento cesó y las olas murieron. En un instante el sol reinaba en el firmamento y las gaviotas retomaron su bailante paseo por el cielo mediterráneo.

Hay ocasiones en que nuestra torpeza para obedecer merece un empujón de parte de Dios.

Bob Fitts nos relató una divertida anécdota durante un Congreso de Alabanza. Cuando era profesor de una Escuela de Adoración, en la Universidad de las Naciones, en Hawai, organizó un paseo para los estudiantes. El río entretuvo al grupo durante horas y el día parecía perfecto hasta que algo sucedió. Un estudiante miró hacia la catarata que estaba detrás de ellos y gritando invitó al grupo a subir para tirarse desde arriba. Sus colegas le siguieron de inmediato, todos excepto Bob.

«Bob, mira qué increíble», le decían mientras se lanzaban al vacío. Nadie interpretó lo que había detrás de la sonrisa temblorosa del maestro, así que insistieron que se animara a tirarse. La presión del grupo pudo más que el temor, Bob aceptó la invitación.

Logró llegar al borde de la corriente sólo para saludar a todos su alumnos que desde abajo le hacían señas para que se les uniera. Fue en ese instante que la fobia forzó a Bob a darse vuelta para regresar a la seguridad de la orilla. Seguido vino «el empujón». Sin saber cómo, su pié resbaló en una piedra, perdió el equilibrio y su cabeza dio en el fondo del río. Cuando logró vencer el torbellino de burbujas y su alma volvió a la vida, sus amigos aplaudieron entre risas la hazaña. Bob, mientras tanto, los saludó levantando la mano con el puño cerrado como campeón que celebra su victoria.

Los empujones de Dios a veces son circunstancias que parecen cambiar el rumbo de las cosas y nos hacen perder el control. Sin embargo, son excusas que Él utiliza para empujarnos hacia su corazón. Como el bebé que forzado por una ley que desconoce es sacado del vientre hacia la extraña luz del mundo exterior, lloramos ignorando también que aquel es el camino, el único, para llegar a ser un hombre completo. Aquellas olas seguían el ritmo del palpitar de Dios. Los vientos llevaron su voz: «¡Vuelve hijo!». Mientras, Jonás se alejó nadando hacia el sol poniente.

En la cárcel de corazón

Pero el Señor había dispuesto un gran pez para que tragara a Jonás. Dios determinó no jugar a «policías y ladrones» durante mucho tiempo, y decidió acorralarlo. Fue entonces que la inmensa boca del pez se abrió y comenzó a empujar cientos de litros de agua hacia el oscuro interior. Allá fue a parar el obstinado. Ese pez era la respuesta de Dios a los planes de huida de Jonás

¿Cómo saldría de allí, si fuera posible? La incertidumbre y el olvido jugaban con el fétido olor de algas y peces muertos. Jonás estuvo encerrado en el vientre del pez durante tres días. Él nunca había estado tan solo, tan lejos del mundo, de la luz y de su destino. Llegó al punto más bajo, al lugar donde los amigos no están, las puertas se cierran y las oraciones no parecen dar resultado.

Si alguien podía sentirse maltratado por la vida y las circunstancias, ese debió ser Jonás. Si alguien podía llorar el peso de los problemas era él. Si alguien podía creerse lejos de Dios, ese era Jonás.

¿Qué hubieras hecho en su lugar? Muchos dejamos de asistir a la iglesia, otros culpamos a Dios por las extrañas cosas que nos han pasado. Argumentamos: «¿Cómo puedo seguirte Señor bajo circunstancias tan duras?»

A menudo los hijos de Dios encontramos en las circunstancias la razón para no vivir una amistad profunda con Él. «Mi trabajo es terrible», «El ambiente de mi barrio no me lo permite», «Si usted viviera en mi casa sabría por qué es tan difícil tener comunión con Dios».

Estas y algunas otras son las excusas que ponemos para intentar evitar el compromiso de amor hacia Dios. Tu jefe gruñón, tu esposo inconverso o tu hijo rebelde no son el problema. Tampoco lo son la rutina esclavizante del hogar y los niños. No es tu familia ni tu cultura. Tales cosas perecieran ser cárceles, pero el muro que hay entre tu Padre celestial y tú no lo constituyen los ladrillos del lugar, el tiempo y el espacio.

¿Te sientes acorralado por alguna situación? ¿Estás preguntándole al Señor el porqué de las limitaciones? Estás orando: «¡Señor, sácame de aquí! ¿Dónde estás? ¿Por qué no cambias las cosas?» Entonces te encuentras en la misma situación que Jonás y yo debimos atravesar: el puente de la confrontación.

«Entonces oró Jonás a Jehová su Dios desde el
vientre del pez, y dijo: Invoqué en mi angustia
a Jehová, y él me oyó; desde el seno del Seol clamé, y mi voz oíste. Me echaste a lo profundo,
en medio de los mares, y me rodeó la corriente; todas tus ondas y tus olas pasaron sobre mí.
Entonces dije: Desechado soy de delante de tus
ojos; mas aún veré tu santo templo. Las aguas
me rodearon hasta el alma, rodeóme el abismo; el alga se enredó a mi cabeza. Descendí a
los cimientos de los montes; la tierra echó sus
cerrojos sobre mí para siempre; mas tú sacaste
mi vida de la sepultura, oh Jehová Dios mío».

—Jonás 2:1–6

Jonás oró a Jehová, su Dios, desde el vientre del pez.
Ni el furor de la tormenta ni el naufragio pudieron dete-
ner ese momento. Tampoco las asaltadas aguas o las algas
descompuestas. Jonás se volvió a su Dios. Su oración es un
testimonio, una cantata a la fidelidad de Dios y una confesión liberadora.

Esta escena representa la prisión del corazón humano,
la autosuficiencia. Jonás estuvo encerrado en el vientre del
pez hasta que finalmente reconoció que en realidad estaba encerrado en su propio pecado. Y en el quebrantamiento de su orgullo encontró liberación. Jonás no pidió ser
sacado de allí, sino que confesó su pecado. Porque la cárcel que lo contenía no era de piel animal sino la de un corazón rebelde. No hay esclavitud mayor que la de aquel que

está a merced de su propio egoísmo. No hay mayor libertad que la de aquel que ha rendido su voluntad en las manos de Dios. Jonás se dio cuenta que sus ideas eran vanidad, renunció a fiarse de su carne y tuvo que arrepentirse. El ser humano necesita la confrontación para descubrir lo que hay en su corazón. Una vez descubierto su secreto tiene la opción de endurecerse o quebrarse, si escoge lo segundo encontrará la liberación del alma.

El profeta se ofrece a Dios nuevamente y en su oración de consagración afirma: «Pagaré lo que prometí».

¿Qué promete un profeta? Promete decir lo que Dios le diga, hacer lo que Él le indique e IR ADÓNDE QUIERA QUE LE ENVÍEN.

Es allí, en ese lugar de consagración, que el hombre encuentra a Dios y halla su paz. Cuando el capítulo dos del libro de Jonás comienza, la historia se repite como si el primer capítulo no hubiese existido. Con la salvedad de que en esta ocasión Jonás corre en la dirección correcta... sigue el dedo de Dios.

Una segunda oportunidad

Luego de toda esa aventura, Jonás descubrió a un Dios que otorga nuevas oportunidades. Reconoce entonces que no son los lugares ni las personas que nos rodean los que estorban nuestra vivencia con Dios, sino nuestras actitudes. Cuando el orgullo, la vanidad y la incredulidad se confiesan, entonces llega la vivencia. Jonás descubre una presencia que no está limitada por tormentas, por ballenas, ni siquiera está limitada por la rebeldía. Es una presencia que nos persigue hasta conquistarnos.

Puede ser que te encuentres en medio del tumulto de la ciudad o en la quietud de la montaña, Su presencia será tu delicia y durante ese encuentro descubrirás que Su amor te brindará una nueva oportunidad.

Al igual que Jonás, descubrí que la presencia es mayor que las circunstancias. También aprendí que el corazón del hombre es el único muro que oscurece el resplandor de Su presencia. Pero también pude entender que para la dureza del alma, Dios tiene la medicina y es el quebrantamiento. Cuando estamos dispuestos a admitir nuestro error, la tibia presencia del Padre vuelve a revelarse en gracia hacia nosotros.

¿Quieres vivir más intensamente en la presencia de Dios? Entonces no rehúses ser confrontado con la verdad. ¿Anhelas subir a una dimensión más alta? Pues debes cruzar el estrecho puente que lleva al corazón a rendirse. ¿Estás quejándote de una «cárcel» de la quieres salir? ¿Por qué no escuchar Su tierna voz apuntando al secreto de tu corazón?

¿Estás huyendo a Tarsis? ¿Estás llorando porque no percibes a Dios? ¿No lo has oído? Está gritando en las olas y silbando en el viento. Su ojo te sigue y su alma te extraña.

No te extrañes si de camino te sorprende Su amor…

Él espera para ser deseado.
—*A.W. Tozer*

Capítulo 2

EN BUSCA DEL
ARCA PERDIDA

Cada fin de año durante mi adolescencia, acostumbraba a asistir al campamento nacional de jóvenes de mi país. Más de mil muchachos de diferentes ciudades acudían con mucho entusiasmo a San Luis de Buenos Aires, un pueblito en la zona sur de Costa Rica. Era un tiempo de búsqueda muy sincera para recibir más de Dios.

Si no lográbamos llegar temprano—y casi nunca lo hacíamos—, teníamos que dormir en «el gallinero», una galería de madera y techo de zinc donde podías usar de almohada los pies olorosos de algún desconocido.

Allí dormíamos varias decenas de jóvenes, acomodados en largas literas. El calor era excesivo, los insectos insaciables, las bancas duras como piedras, la fila para comer era larga como verano sin agua y los baños... mejor dicho las letrinas... indescriptibles. El único atractivo era el río. Bañarse allí era toda una experiencia.

A pesar de todo esto, la bendición espiritual era fabulosa. Pasábamos noche enteras en vigilia. Las reuniones estaban saturadas de la Palabra y visitación de Dios. Puedo decir sin lugar a dudas, que esos fueron algunos de los mejores momentos de mi andar cristiano.

El camino de regreso también era buenísimo. El autobús se llenaba de incansables alabanzas, oraciones, risas y lágrimas. Nos deteníamos a comer en algunos restaurantes del camino y allí algunas personas se convertían. ¡Íbamos rebosantes!

Pero... la euforia no duraría mucho. Pocas semanas después, estaríamos enfrentando la misma indiferencia que antes en las reuniones. ¿Qué estaba mal? ¿Por qué razón parecía ser tan difícil sostener las vivencias espirituales? ¿Por qué nos era tan fácil salir de Su presencia?

La religiosidad

Hoy es un desafío para mí poder enfrentar enormes auditorios con cientos de jóvenes esperando ser ministrados. En cada una de esas reuniones resurge en mí la carga por ayudar a esta generación a descubrir una relación con Dios. Anhelo que ellos puedan tener algo más que una experiencia bonita en un concierto, deseo que puedan descubrir una comunión estable con Dios. Quiero que entiendan que la amistad con Dios está al alcance de la mano.

Pero hay enemigos en el corazón que desean interferir en esa relación con Él, uno de ellos es la religiosidad. La relación con Dios se basa en lo que Él ya hizo por alcanzar al hombre. En cambio, la religión es todo lo que el hombre hace en su agonía por recuperar lo perdido en el Jardín del Edén.

En todo ser humano existe una religiosidad innata, aquella parte de mí que quiere agradar a Dios. Tal «intuición» nos llevó a crear imágenes de la deidad que se conformaran a nuestras necesidades en vez de buscar la revelación del Dios verdadero. Movidos por esa «necesidad», los seres humanos hemos creado sistemas de adoración que nos sirvieran de escalones para ascender a Su presencia. En pocas palabras, nuestra raza ha sido víctima del síndrome de Babel, cuando en arrogancia hemos creído poder subir a las alturas de Dios por nuestros propios medios. Al asumir tal cosa, hemos ignorado un principio fundamental: *para adorar al Dios verdadero necesitamos conocerlo. Pero sólo podemos conocerlo en la medida en que Él se nos revele.*

Por eso es imperativo que comprendamos la esencia del Evangelio, porque sólo en el Evangelio se nos revela nítida y fielmente el rostro de Dios. Al mismo tiempo, es en las buenas noticias que nos ofrece el camino hacia una verdadera «espiritualidad»; una relación entre Dios y el hombre, donde la iniciativa y los medios han sido provistos por

Dios, pero el hombre responde a través de la fe, la entrega y la obediencia. En el Evangelio se nos delata como religiosos, se exponen los substitutos que hemos amado más que la «verdad» de Dios y se nos invita a venir cerca de Él. Al descubrir la religiosidad debemos confrontarla. Es el primer adversario que ahuyenta la presencia de Dios. Quiero invitarte a recorrer una historia maravillosa, se encuentra en el primer libro de Samuel. Es la historia de una mujer religiosa y el milagro de su encuentro con Dios. Es el relato de un niño ungido y del despertar espiritual que éste trajo.

Las estériles conciben

«Hubo un varón de Ramataim de Zofim, del monte de Efraín, que se llamaba Elcana… Y tenía él dos mujeres; el nombre de una era Ana… Y todos los años aquel varón subía de su ciudad para adorar y para ofrecer sacrificios a Jehová de los ejércitos en Silo… Y cuando llegaba el día en que Elcana ofrecía sacrificio,… a Ana daba una parte escogida; porque amaba a Ana, aunque Jehová no le había concedido tener hijos. Y su rival la irritaba, enojándola y entristenciéndola porque Jehová no la había concedido tener hijos…»

—1 Samuel 1:1–6

Ana tenía todo lo que una mujer puede desear en la vida. Era bella. Ese tipo de mujer que deja una estela de admiración entre las vecinas. Además, tenía un esposo que la amaba por sobre todas las cosas, y una buena religión. Cada año, la fe y buena posición que ostentaban los llevaba al lugar de adoración en Silo, a ofrecer abundantes sacrificios a Dios. ¡Eran buenas personas!

Elcana se había encargado de hacer sentir especial a Ana diciéndole: «*Tú eres lo más hermoso que se cruzó en mi camino. Ana, contigo estoy completo, ¿Hijos? Tú no necesitas tenerlos para que te ame. Además, ya los he tenido con... Penina*».

Cuando el mensaje tocaba los oídos de Ana, el ceño que ligeramente se había aliviado, se fruncía otra vez.

Elcana trataba constantemente de arreglar el asunto: «*Ana, tú me eres mejor que mil amores. Amada, me tienes a mí... ¿O es que no te soy suficiente para que seas feliz?*»

Ana tenía a su esposo, tenía su religión, tenía una vida... pero no tenía hijos (1 Samuel 1:2).

Ese año, su esposo la llevó de vuelta a Silo. De alguna manera, el viaje le sentaba bien. Casi siempre el semblante de su compañera mejoraba después de estar en la casa de Dios.

La ceremonia dio inicio. Dos jóvenes sacerdotes invocaban al Señor y luego los peregrinos traían uno a uno sus ofrendas. Palomas, corderos, tortas y becerros. El cansado camino no había quitado nada de vigor a la devoción que brotaba en cada sacrificio. Un adorador lloraba en silencio mientras ponía sus manos sobre el pequeño animal y el sacerdote atravesaba con la cuchilla su cuello. En otro lugar, un niño recostado en el hombro de su padre escuchaba atento la explicación de todo aquel rito. Humo abundante, sangre en el suelo, olor a incienso, conciencias tranquilas.

Ana trajo su animal también. Una diminuta lágrima se asomó entre sus grandes pestañas negras. Al finalizar, Elcana la miró con una sonrisa temblorosa. Ana esquivó su mirada. No hablaron de camino a casa.

—¿Que buena reunión, no?—, preguntó el marido animosamente.

—Sí, ¿verdad?—, contestó Ana entre labios.

La comida quedó casi intacta en la mesa.

Los hijos de Penina jugaban con la comida, mientras ella trataba de controlarlos. Penina regresa de la cocina con el postre. Besa a Elcana y mientras se recuesta en su hombro, mira a sus hijos y antes de sentarse, clava sus ojos intrigantes en Ana.

Ana se levanta de la mesa, se pone un chal sobre la cabeza y abre la puerta.

Elcana pregunta sobresaltado:

—¿Adónde vas?

—A la tienda del Señor—, contestó su esposa.

—Pero Ana, si ya el servicio terminó. No hay allí... Ana, espera.

La puerta se cerró. Lo único que Elcana alcanzó escuchar fue el sollozo apagado entre la ropa. La cortina se corrió y la hermosa silueta de Ana se proyectó sobre las gruesas telas de la tienda. Todavía se podía percibir el extraño olor de las cenizas y el incienso de los sacrificios. Ana avanzó guiada por la inquieta luz de los siete brazos del candelabro y se recostó sobre uno de los postes que sostenían la tienda.

Trató de orar. Balbuceó algunas viejas oraciones de las que aprendió de su padre. Deseó tener al sacerdote cerca que la ayude a ofrecer su sacrificio otra vez. Sería más fácil si un programa la guiara en este extraño momento. Se sentía incómoda pues siempre había venido con algo en las manos...ahora las tenía vacías.

—No tengo nada que decir. ¡No quiero! Señor, Adonai—, fue todo lo que dijo y volvió a hundirse en el silencio... el largo silencio de su vida. El silencio del temor, de la costumbre... de la religión.

¿Qué se hace en momentos así? ¿Qué es propio cantar o decir?

Cada minuto es una hora y cada palpitar un año.

No hablas para evitar ofender. No articulas porque no te atreves, porque no te enseñaron. Quieres ser correcto. Temes que la sinceridad sea usada en tu contra. No quieres escuchar la respuesta prefabricada, la represión que otros te dieron antes: ten fe... algo hiciste mal... te falta oración.

Tampoco te comunicas porque no conoces el corazón de quien te escucha. Callas porque has estado allí muchas veces, actuando, siguiendo lo que otros hacen. Pero nunca conociste a quien estaba allí, buscándote detrás de cada canto. Nunca alcanzaste a ver al que llamaba detrás de cada testimonio. No pudiste leer el mensaje detrás del mensaje. El silencio ha sido una cortina que no te dejó ver al que está detrás de todo eso. No puedes ver al que, amoroso, llama desde el otro lado.

Y tampoco quieres que Él vea quién está detrás de este lado del silencio... tu corazón. Ha sido más fácil pretender vestir el conocido manto de la costumbre. La rutina de la religión nos deja estériles. Por eso es que cada domingo Latinoamérica se llena de millones de adoradores en los templos. Se recitan oraciones, se predican los sermones, pero se sale de allí sin haber cruzado la línea de la religión. Una línea que separa la tradición del encuentro con Dios. Para la mayoría está bien dejar las cosas así, pues la misma costumbre nos ha enseñado a ir a la «casa de Dios» sin esperar encontrarnos realmente con Él.

El rito debe cumplirse, el programa debe continuar... nuestra tradición debe perpetuarse. No hay contacto, interacción ni intimidad. Nos da miedo colocarnos en el lugar de no saber qué hacer en la desesperante espera del que quiere escuchar o ver a Dios.

Por eso es que salimos sin cambiar semana tras semana, mes tras mes, año tras año.

«Así hacía cada año...»

—1 Samuel 1:7

¿Será posible que Ana fuera a «adorar» a Dios cada año sin sufrir algún cambio? Sí, es posible, porque la religión deja a sus seguidores estériles y anula el poder de Dios en los creyentes. Por lo menos, es así hasta que decidimos cruzar esa línea. Y es eso lo que Ana quiso hacer.

«ella con amargura de alma oró a Jehová, y lloró abundantemente».

—1 Samuel 1:10

Esta vez, al mismo tiempo que el sol caía, el manto de la pretensión se rasgaba en el alma de la estéril. Como si un caudal saltara con toda su fuerza de la prisión rocosa en que estuvo retenido, el llanto brotó.

Ana lloró la intriga de Penina, lo hermoso de los niños ajenos y el temor de ser echada a un lado. Lamentó los años perdidos, los brazos que no sostuvieron a nadie. Lloró el vacío que deja la religión.

Su llanto abrió espacio en su alma para la fe. La búsqueda preparó su espíritu para una nueva revelación de Dios. En su angustia tocó a Dios y en su toque la gracia se derramó.

¿Gracia? A propósito... tal es el significado de Ana. La gracia que hace posible lo imposible, nos toca cuando encontramos Su presencia.

Aquellos rasgos marcados por la tristeza en el rostro de Ana se mudaron en gestos de alegría:

«Y se fue la mujer por su camino, y comió, y no estuvo más triste».

—1 Samuel 1:18

Una vez que te encuentras con la presencia de Dios no vuelves a ser el mismo. Eso sucedió con Ana, ya que la respuesta al pedido cambió su vida. Dios le concedió el deseo de su corazón y tuvo un niño a quien llamó Samuel, que significa «pedido a Dios». Otra acepción del nombre sugiere: «Dios tiene oídos».

¡La religiosidad se quiebra cuando los adoradores descubren que Su Dios escucha! En el instante en que el nombre de Dios deja de estar congelado pasivamente en las páginas de la tradición es cuando iniciamos un nuevo camino. A partir de ese día, Ana adoró a un Dios vivo, no a una idea.

El cielo espera por gente que se atreva a llorar ante Dios. Hay la imperiosa urgencia de transparencia en aquellos que se acercan a adorar. La capacidad de desnudar el alma es lo que nos lleva al punto de cambio. Un punto en el que la iglesia se encontrará en el albor de un nuevo día y dará a luz una generación con carácter profético, un pueblo que conoce a su Dios.

Samuel no fue tan sólo la respuesta a la necesidad de una mujer, sino que se convirtió en la punta de lanza dentro de un nuevo mover de Dios entre su pueblo. Un mover que confrontó la religiosidad de Israel.

Hay cuatro rasgos de la religiosidad que son expuestos en la historia de Samuel y los hijos de Elí.

1. Falta de conocimiento de Dios

En esos días aún gobernaban los jueces en Israel. Elí fue juez y sumo sacerdote de esa nación. Sus hijos también eran sacerdotes de la casa de Dios, en la ciudad de Silo. Ellos ocupaban el puesto de servicio a Dios más importante en el culto de Israel. Sin embargo, el reconocimiento público sólo ocultó la terrible manera en que manejaban sus asuntos privados.

«Los hijos de Elí eran hombres impíos, y no tenían conocimiento de Jehová».

—1 Samuel 2:12

Estos dos muchachos habían crecido en la casa de Dios, manejaban con soltura los manuales de operación del tabernáculo, eran expertos en adoración. Pero cuando Dios tiene que dar testimonio de sus ministros en tierra, se escucha decir algo como: «Estos no me conocen y no tienen nada santo en ellos».

¿Será posible que haya en la casa de Dios sacerdotes que no le conozcan?

Los hijos de Elí habían sido educados junto al sumo sacerdote pero no tenían vida espiritual. Tenían una religión, pero no tenían una relación. Tenían la costumbre, pero no tenían la vivencia. Los que habían sido escogidos y ungidos con aceite santo sufrían en su interior de ignorancia espiritual.

Los hijos de Elí son el ejemplo de una generación que nació en la iglesia, pero que nunca ha nacido de nuevo. Son el prototipo de una generación que ama a su denominación, pero no viven en devoción a Dios. Esa generación vive en la esterilidad de Ana porque practica los ritos, pero no disfruta de la «vida» en Dios.

2. Insensibilidad a Su presencia

Cuando cada israelita ofrecía sacrificios a Dios con temor santo, los sacerdotes presenciaban esa ofrenda. Ellos mandaban a sus criados a que se pusieran al lado del israelita que ofrecía sacrificios. Mientras la carne se estaba asando y pedían perdón por sus pecados, los criados tomaban la mejor parte de la carne y se iban. Antes de que la carne fuera presentada en sacrificio, como manda la ley, ellos casi la arrebataban de la mano del ofrendante. Además, la comían antes de que se quemara la grosura lo cual quebrantaba la ley de Dios de acuerdo al libro de Levítico (ver los versículos 12 al 16).

Según la ley, todas las necesidades de los levitas debían ser satisfechas por medio de los diezmos del pueblo. Pero los hijos de Elí se aprovecharon de su posición para satisfacer sus propios deseos. El desprecio y la arrogancia que manifestaron hacia el pueblo y el culto minaron la integridad de todo el sacerdocio. Tan grande era la ignorancia de estos sacerdotes que habían perdido todo temor de Dios. El altar carecía de valor para ellos, y por causa de su pecado el pueblo mismo comenzó a desestimar el culto a Dios.

> «Era, pues, muy grande delante de Jehová el pecado de los jóvenes; porque los hombres menospreciaban las ofrendas de Jehová».
>
> —1 Samuel 2:17

La falta de respeto por la presencia de Dios es otra característica de la religiosidad. ¿Es acaso la alabanza encender las emociones del pueblo, o es el altar donde levantamos nuestra ofrenda en temor santo y adoración? ¿Cuántas veces vemos primero nuestro programa que lo que Dios quiere hacer? ¿Con cuanta frecuencia «cortamos» el fluir del Espíritu Santo en la adoración? ¿No se estarán menospreciando las ofrendas del Señor de esa manera cuando limitamos el mover del Espíritu Santo en medio de una reunión?

Si hay algo liviano en nuestro corazón ante Su Presencia, Dios demanda arrepentimiento, porque el verdadero pecado que está detrás de esto es la ignorancia.

En el templo de Israel había sacerdotes, pero no eran personas que hablaran de parte de Dios. Estaban ocupados en las cosas de la religión, pero no se ocupaban de guiar al pueblo a la presencia de Dios. Manejaban el rito religioso, pero no podían ayudar a los israelitas a discernir la voluntad de Dios en su vida.

> «La palabra de Jehová escaseaba en aquellos días; no había visión con frecuencia».
>
> —1 Samuel 3:1

Si hay algo que el Espíritu Santo desea en estos días es que despertemos y podamos reconocer cómo está nuestro corazón con respecto a Su presencia.

Hay dos razones por las que esta «sensibilidad» espiritual es imprescindible. La primera razón es que la verdadera santidad nace de ella. Cuando somos sensibles al Espíritu Santo, respondemos prontamente cuando Él nos indica que le hemos entristecido. El saber responder a esas direcciones del Espíritu es lo que nos guarda en la pureza espiritual y nos lleva a la madurez.

La segunda razón es que nuestra respuesta constante a Su presencia nos lleva a una vida de amistad con Dios. Cultivar la presencia de Dios es el ejercicio espiritual que nos conduce a una relación profunda con Él. De hecho, el principio es aplicable a quienes dirigimos a otros en adoración a Dios. Puedo decir, sin lugar a dudas, que la diferencia entre uno que dirige cantos y uno que guía hacia la adoración a Dios radica en la sensibilidad espiritual.

En los últimos diez años, Latinoamérica vivió un despertar espiritual impactante. El continente fue renovado en áreas como la música, la liturgia y el crecimiento de la iglesia, entre otras cosas. El mover de la alabanza y la adoración trajeron un nuevo canto espiritual, y con él una perspectiva fresca de nuestro acercamiento al Señor. Uno de los mayores aciertos de este mover fue que nos hizo reconsiderar la importancia que tiene la presencia de Dios en nuestra vida y reuniones. ¿Habremos captado el mensaje? ¿O nos quedaremos disfrutando la música simplemente?

Con la renovación de la alabanza, algunos guardaron el viejo órgano y despidieron a la anciana misionera que tocó fielmente durante los últimos 25 años. Otros llegaron al grado de hacer una «quema» de himnarios para celebrar la despedida de la tradición. Me duele pensar que tales interpretaciones del mover fueran tan equivocadas.

Muchas iglesias abrieron espacios para una batería, guitarras, bajos y coristas. Ante esta apertura, los jóvenes tomaron la responsabilidad de la música en sus iglesias. Han puesto su mejor esfuerzo al poner al día a los feligreses con el último «hit» de alabanza que suena en la «escalada celestial» de la estación cristiana. Y todo esto ha sido muy positivo.

Todavía recuerdo mi primera visita a Santiago de Chile hace diez años. Ministré junto con mi cuñado Rodrigo durante dos semanas en una pequeña iglesia en las afueras de la ciudad. La gente respondió con entusiasmo a las canciones y a la palabra. Varias semanas después recibí una carta. La señora que la enviaba me animó con palabras tan impactantes como éstas: «...*sus cantos, le pusieron palabras al clamor por Dios que hay en nuestro corazón. Luego de tantos años cantando lo mismo, esas nuevas canciones vinieron como gotas de agua en un desierto...*»

Latinoamérica necesitaba esa renovación. La reciente generación necesita nuevas formas para expresar su hambre por Dios. Los gimnasios, los templos y estadios quedaron pequeños para recibir a tantos jóvenes que se han reunido a cantar, orar y buscar a Dios. ¡Vivimos un tiempo especial y emocionante!

Pero me pregunto si realmente entendimos el mensaje detrás de la música. ¿Habremos aprendido a amar la presencia de Dios? ¿Somos un pueblo dispuesto a Su presencia? ¿Somos, tal y como lo define Vivien Hibbert en su libro *Adoración Profética*, «estudiosos» de Su presencia?

3. Corrupción moral

«Pero Elí era muy viejo; y oía de todo lo que sus hijos hacían con todo Israel, y cómo dormían

57

con las mujeres que velaban a la puerta del tabernáculo de reunión».

—1 Samuel 2:22

Ofni y Finees, los hijos de Elí, habían traspasado el límite del respeto al punto tal que fornicaban con las mujeres que cuidaban las puertas de la casa de Dios. La vida de estos sacerdotes apestaba al igual que la religiosidad que pretendemos conservar como una muestra de nuestro cristianismo. La religión esconde inmundicia bajo las vestiduras. Por esa razón es que el orgullo religioso nos hace errar. Nos hace creer que somos mejores que otros porque no hacemos ciertas cosas y porque sí hacemos nuestras «tareas» cristianas. Ignoramos que lo único que hace de la vida de un cristiano algo maravilloso, es la presencia de Dios. Si ignoramos esa presencia, apagamos la llama, enterramos ese santo altar y estaremos hundidos en la suciedad del pecado.

Moisés entendía lo indispensable que es la presencia de Dios entre su pueblo. Recién habían escuchado la triste noticia de que Dios no les guiaría hasta la tierra prometida a causa del pecado de Israel. En su lugar, les fue prometido un ángel.

«Anda, sube de aquí, tú y el pueblo que sacaste de la tierra de Egipto… y yo enviaré delante de ti el ángel… pero yo no subiré en medio de ti…»

—Éxodo 33:1–3

En busca del arca perdida

Ante esa situación, Moisés hace una de las oraciones más dramáticas que registran las Escritura. En su intercesión, el líder de la nación le responde al Señor:

«Mira, tú me dices a mí: Saca a este pueblo; y tú no me has declarado a quién enviarás conmigo... Si tu presencia no ha de ir conmigo, no nos saques de aquí. ¿Y en qué se conocerá aquí que he hallado gracia en tus ojos, yo y tu pueblo, sino en que tú andes con nosotros?»

—Éxodo 33:12–16

4. Falta de victoria espiritual

Ni los hijos de Elí, ni el pueblo supieron cuán alejados estaban de su fe hasta que enfrentaron una batalla.

«Por aquel tiempo salió Israel a encontrar en batalla a los filisteos, y acampó junto a Ebenezer, y los filisteos acamparon en Afec. Y los filisteos presentaron la batalla a Israel; y trabándose el combate, Israel fue vencido...»

—1 Samuel 4:1–2

En su angustiosa derrota, los israelitas recurrieron a Dios. Por lo menos eso fue lo que creyeron, pues mandaron a traer el arca del pacto. El arca era el utensilio más sagrado del culto a Dios (versículo 3).

Llevaron el arca del pacto al campamento. Esto animó a los israelitas que la recibieron entre voces de júbilo. Pero nada detuvo el fatídico desenlace: ni el arca, ni los gritos de alabanza de Israel, ni el temor de los filisteos. Miles murieron, incluidos los dos hijos de Elí, y además, el arca fue robada (versículos 4–11).

El arca ya no representaba la santidad de la presencia de Dios en ellos. Un símbolo de Dios no garantiza Su presencia y poder. Fue una generación que no tuvo victoria. Fueron derrotados delante de los filisteos porque no eran espiritualmente victoriosos. La Biblia define a este grupo como: «generación sin gloria».

Cuando las noticias llegaron a oídos de Elí, quien ya había perdido la vista, física y espiritualmente, cayó de espaldas, y murió.

Ante tal desastre, la mujer de Finees dio a luz antes de tiempo y mientras agonizaba, llamó a su hijo con un nombre revelador: «Ichabod», que quiere decir «SIN GLORIA». Nunca supo que al hacerlo, había develado el nombre de una nación sin Dios, una generación sin victoria ante el enemigo, un pueblo sin Su presencia...

Encontrando el arca perdida

Gracias a Dios, la historia no termina allí. El Señor tenía en proceso un plan de restauración. Samuel estaba en la mira de Dios.

¡Cómo contrastan los caminos de los hijos de Elí y los del joven Samuel! Mientras ellos menospreciaban la presencia de Dios, Samuel ministraba al Señor vestido con un efod de lino fino que cada año le traía Ana, su madre (1 Samuel 2:18).

El efod era un chaleco largo sin mangas que usaban los sacerdotes. Samuel se vestía como un sacerdote aun cuando no lo era. En tanto que los hijos de Elí menospreciaban las ofrendas de Jehová, Samuel aprendía a ministrar con santidad los quehaceres más sencillos del templo. Mientras ellos ejercían un ministerio público, Samuel simplemente limpiaba los restos de sangre de los sacrificios, barría las cenizas, ponía aceite en las lámparas y sacudía los utensilios delante de Dios. Cuando ellos dormían con mujeres ajenas, Samuel descansaba...cerca del arca de Dios (1 Samuel 3:3).

Así es que Dios buscó a Samuel en la noche. Mientras Elí dormía el sueño mortal del conformismo y mientras sus hijos pecaban cerca del altar, Dios volvió a buscar a alguien... que todavía tuviese interés en Él.

Buscó a uno, antes de que Israel se perdiera en la noche de su olvido, antes de que la situación no tuviese remedio:

«...y antes que la lámpara de Dios fuese apagada...»

—1 Samuel 3:3

Y lo encontró dormido en Su presencia...

Aquel niño había tomado su colchoncito y lo había puesto cerca del arca. ¿Qué buscaba allí? ¿Qué pensaría antes de dormir? Quizás se diría:

«¿Dónde está el Dios de esta arca? ¿Qué pasó con la gloria que brillaba sobre ella? ¿Qué se hizo la luz que espantaba a los enemigos de Israel y hacía temblar de reverencia a sus hijos?

¿Es que nadie te busca más? ¿Por qué ya no hablas? ¿Por qué no me hablas a mí...? ¡Quiero conocerte! ¡Quiero buscarte! Vendré una y otra vez hasta que algo suceda... Si los demás dejaron de venir, yo me quedaré aquí hasta que te hagas presente. Permaneceré aquí cada noche, esperando... aunque me venza el sueño».

Y entonces sucedió...

> «Jehová llamó a Samuel; y él respondió: Heme aquí».
>
> —1 Samuel 3:4

El hijo de Ana encontró al Dios de su madre. Y Dios encontró un vaso, una nueva estirpe de sacerdotes, una nueva generación.

Samuel es el símbolo de una generación extraordinaria, una generación que tiene sed de Dios y que no se detiene hasta que lo encuentra. Un pueblo que sale de la religiosidad para encontrar lo que la religión ha perdido: ¡la gloria de Su presencia!

La Biblia no dice quién fue el siguiente sumo sacerdote. De hecho no puede haber sido Samuel porque no era un descendiente directo de Aarón, pero actuó como sumo sacerdote en esa época al ofrecer importantes sacrificios por todo Israel. Samuel fue el último juez de Israel, y el primer sacerdote y profeta que sirvió durante la época de un rey.

«*Señor, oramos pidiendo tu perdón por la liviandad ante tu presencia. Haz de nosotros sacerdotes fieles que vivan en tu presencia. Haz de nosotros sacerdotes que te sirvan y conozcan. Levanta de esta generación un ejército de sacerdotes conforme a tu corazón*».

Mientras tratemos de ser
la causa de lo sobrenatural,
estaremos sumidos en la religión.
—*Arthur Burt*

Capítulo 3

LA ENCRUCIJADA DEL CAMBIO

En mis días de estudiante, antes de entrar a la clase la maestra acostumbraba formarnos en una fila por orden de estatura. Odiaba ser el primero de la fila. Tiempo después, cuando cursábamos el quinto año comenzamos a notar que nuestras compañeras crecían mucho más rápidamente que nosotros, los varones. Aquello era bastante incómodo. La inquietud se hizo mayor cuando mis amigos comenzaron a crecer también. No podía más con el dilema, y cierto día me atreví a preguntar a mis padres mientras cenábamos: «¿Por qué todos crecen y yo no?»

Todavía puedo recordar a mi familia tratando de contener la risa. Mamá, muy sabia y compasivamente, me dijo: «Papito, no te preocupes. Algunas personas comienzan a desarrollarse muy temprano. Pero luego que llegan a cierta estatura dejan de crecer. Otros en cambio, van creciendo poco a poco. Incluso hay algunos que parece que se quedarán pequeños, pero de pronto, durante su adolescencia, dan un estirón… y bueno, alcanzan a los otros».

Los que me conocen, sabrán, antes de que lo mencione, que todavía estoy esperando el estirón…

El crecimiento también fue un tema importantísimo para mí en mis años de adolescente. Sólo que ahora que conozco a Jesús, la pregunta tenía una implicación más profunda: ¿Cómo puedo crecer espiritualmente? ¿Cómo puedo salir del letargo espiritual y mantener el crecimiento?

La respuesta implica una verdad relatada en la parábola del fariseo y el publicano, y se encuentra en el Evangelio según San Lucas 18:9–14.

Esta corta historia responde a una interrogante crucial para el cristiano: ¿Puede alguien llegar a la presencia del Dios Todopoderoso y salir de allí siendo el mismo?

Dos hombres subieron al templo a orar. Uno de ellos era fariseo y el otro publicano. El fariseo se puso en pie delante de Dios y dijo: «Gracias te doy Señor, porque no soy como los demás hombres, adúlteros, avaros, ni siquiera como este publicano. Ayuno dos veces a la semana y doy diezmos de todo lo que gano». Esa fue su oración.

Sin embargo, el publicano con otra actitud, se presentó ante Dios golpeándose el pecho y con su vista dirigida hacia el suelo dijo: «Dios, sé propicio a mí, pecador».

Jesús terminó su parábola diciendo: «Os digo que éste, el publicano, descendió a su casa justificado»… «porque cualquiera que se enaltece será humillado, y el que se humilla será enaltecido».

El síndrome del fariseo

Los fariseos eran un grupo de religiosos que se dedicaban a la docencia. Ellos promovían el desarrollo de la religión en la sinagoga. Estaban realmente comprometidos con la formación del pueblo en el conocimiento y práctica de la Ley de Moisés. Varios fariseos aceptaron a Jesús, y muchos de ellos fueron bautizados. Entre ellos, el más famoso fue Saulo de Tarso.

En su afán por inculcar la ley, cayeron en el error de usarla como un medio de autoexaltación y a la vez, como una herramienta de control. A la postre, lo que una vez fuera una pasión profunda se transformó en una religiosidad enfermiza. Este grupo se convirtió en uno de los acérrimos enemigos de Jesús y fue uno de los involucrados en el complot para enjuiciar y matar al Salvador.

Jesús fue implacable con ellos y los usó de ejemplo al advertirnos de los errores que anidan en el corazón del hombre y lo apartan de una espiritualidad genuina.

Buscando una conexión

Jesús describió la postura del fariseo frente a Dios de la siguiente forma: «Puesto en pie». Esta postura demuestra su autoconfianza, que podemos deducir por el contenido de su oración que estaba basada en su «desempeño» religioso: «ayuno dos veces por semana».

En la mente de un fariseo, Dios era el guardián del libro santo. Para agradarle, uno debía seguir su ley al pie de la letra. El desempeño era primero y como resultado venía la relación con Dios. Para un fariseo el amor por Dios se mide por sus logros personales en cuanto a la religión. Es uno que anhela ser amado por Dios, y para ello se basa en su capacidad de «acumular» puntos. Por razón busca minimizar lo más posible sus errores, pues ellos son sinónimo del rechazo de Dios. En contraposición, hacer lo «correcto» es igual a ser amado y aceptado. Por lo que el amor divino sólo puede ser «asegurado» a través de un rendimiento perfecto.

Esa fue mi meta máxima en algún momento de mi juventud. Mi servicio a Dios era el clamor por su aceptación. Por tal razón, mi servicio llegó a ser obsesivo. Enseñar a los niños, dirigir a los jóvenes, predicar, ayudar en la televisión, limpiar el aula, aconsejar a alguien, evangelizar. Todo obedecía a una necesidad de amor. Trataba de ser «el buena gente» en mi escuela. Siempre leyendo la Biblia y vigilando mi conducta y testimonio. Quería ser ejemplo de mis amigos en la iglesia e impresionar a mis líderes y a Dios.

¿De dónde venía esa necesidad? ¿No sería de la búsqueda de aceptación paterna en mi niñez? Papá había sido un buen hombre, había provisto bastante bien para nuestras necesidades. Pero no tenía la capacidad de comunicar amor. En una familia de cinco hijos difícilmente habríamos tenido la oportunidad de entablar un verdadero contacto con él. Y aunque lo anhelaba, nunca supe cómo encontrar ese vínculo.

Sabía qué cosas le gustaban a papá. A él le fascinaba el fútbol, tenía un equipo y su negocio siempre estuvo lleno de futbolistas y campeonatos. Traté de aprender, pero lo más lejos que llegué fue a una sola clase. No terminó muy bien por cierto. En el fondo, no me gustaba el fútbol.

Traté de convencerlo para que me llevara al estadio, como lo hacía con mis hermanos mayores. Una noche prometió llevarme. Pero en un momento de descuido, papá salió con mis hermanos. Corrí a la puerta y salí lo más rápido que pude hacia su negocio. Al llegar a la esquina, el taxi ya había salido. Mientras lo vi alejarse, despedí la búsqueda de esa conexión. Papá estuvo físicamente presente, pero emocionalmente ausente. Finalmente, cuando yo tenía cerca de diez años, papá se fue de casa.

El fariseo busca esa conexión con Dios, pero no es capaz de hallarla. Su imagen de Dios está tan distorsionada que provoca una terrible inseguridad en su fe. Cualquiera que siga el camino del fariseo vivirá en los altibajos de una fe basada en el rendimiento personal. Por lo tanto, tendrá que lidiar con la realidad de no poder «alcanzar» a Dios, pero con el argumento de creer que lo logrará a través de su «impecable» conducta.

El orgullo: Construyendo sobre arena movediza

El fariseo es incapaz de orar, porque no sabe tener intimidad, no conoce esa conexión espiritual. Mas bien se ofrece una autoadulación al caer en el error de compararse con los demás y encontrarse mejor: «gracias porque no soy como los demás…»

Su enfoque, entonces, no es Dios, sino él mismo, quien a la luz de su propio juicio, es digno de alabar por encontrarse en ventaja con respecto a los demás seres humanos. Un enfoque equivocado que se sostiene sobre una base errónea: su orgullo.

El orgullo del fariseo caminaba frente a él. Por eso, mientras estemos sumidos en el orgullo de creer que podemos lograrlo por nuestros propios medios, estaremos sumergidos en la religión, y por lo tanto no cambiaremos.

El apóstol Santiago hace una radiografía de la condición espiritual de la iglesia en su carta:

> «¿De dónde vienen las guerras y los pleitos entre vosotros? ¿No es de vuestras pasiones, las cuáles combaten en vuestros miembros? Codiciáis, y no tenéis; matáis y ardéis de envidia, y no podéis alcanzar; combatís y lucháis, pero no tenéis lo que deseáis, porque no pedís. Pedís y no recibís, porque pedís mal, para gastar en vuestros deleites».
>
> —Santiago 4:1–2

Muchos pelean por cambiar, y no pueden. Combaten procurando ser mejores, alcanzar una estatura espiritualmente elevada, desean la unción y la victoria que otras personas tienen, pero no lo logran porque no piden. No tienen la capacidad de orar y de expresar sus necesidades.

Y ¿por qué es que no pedimos? ¡Porque aquel que es orgulloso no sabe pedir, no desea pedir y menos recibir!

Por un lado, el orgullo nos inhibe para pedir y por otro lado, amarra nuestras manos para recibir lo que nos es ofrecido.

«Pedís y no recibís…», en realidad conlleva la idea de pedir y NO PODER recibir.

El mismo pasaje nos enseña:

> «Pero él da mayor gracia. Por esto dice: Dios resiste a los soberbios, y da gracia a los humildes».
>
> —Santiago 4:6

Cuando estudias atentamente este pasaje descubres la conexión que hay entre el primer versículo y el sexto. Detrás de las guerras, los pleitos, las divisiones, las codicias, las envidias y la lucha interior se encuentra el orgullo.

Todas éstas son vías equivocadas que escogemos para expresar nuestro disgusto por querer cambiar sin saber cómo. Y no sabemos cómo porque no dependemos de Dios en la oración. Por eso, Él no puede derramar Su gracia transformadora en nosotros, porque el orgullo nos ha vendado los ojos y atado las manos.

Dios da gracia a los humildes. Y, ¿quién es humilde sino aquel que sabe pedir? Además, pedir es propio de un hijo. En el acto de pedir algo mostramos confianza y humildad. La oración y la humildad están intrínsecamente ligadas. En mi rebeldía, crecí convencido de que no debía pedirle nada a nadie. Me esforcé por ahorrar con tal de no pedirle dinero a papá. Conseguí una beca durante mi adolescencia para no tener que depender de nadie e igualmente, durante mis años de universitario, trabajé para pagar mis estudios. Mi independencia económica era sólo una muestra de mi orgullo personal.

Cuando el Padre reveló su amor a mi vida, quebró mi independencia y orgullo.

El orgullo está tan infiltrado en nosotros, que no lo reconocemos. Hace muchos años a alguien le escuché decir que el orgullo es como el mal aliento, todos lo sufren menos tú…

El orgullo no sólo nos roba la capacidad de orar o pedir, también nos empuja a la comparación. Muchas naciones padecen del síndrome de la comparación, el mismo que tiene el fariseo. Mi país tiene prejuicios sobre el que está al lado, el otro se cree mejor que nosotros. Confundimos el patriotismo con el orgullo. Basamos nuestra vida en comparaciones. Como alcancé mejores cosas, soy más que mi vecino. Tengo mejor educación que el otro por lo tanto soy mejor que él. Mi apellido es europeo y el tuyo es nativo. Siempre estamos comparando en qué somos mejores que los demás. Cada concilio de iglesias dice: «Nosotros tenemos el evangelio totalmente completo, los demás no.

Hablamos en lenguas, los otros no. Danzamos en el espíritu, y ellos no lo hacen».

Buscamos apoyar nuestra vida sobre bases falsas que nos hacen sentir orgullosos. El mismo sistema cristiano funciona sobre eso, exaltamos el carisma, la fama y la popularidad de las personas.

Alguien es más importante si visitó varios países, si tiene más títulos, si escribió más libros. Todas son referencias al éxito, a la popularidad, y no es que estas cosas sean malas en sí mismas, es lo que se hace con ellas lo que causa daño.

¿Cómo trata Dios el orgullo en nosotros? Lo descubre, lo confronta y nos quebranta. De hecho, el único remedio que se da para el espíritu altivo es: *«Humillaos...»* (1 Pedro 5:6).

La religión: una falsa esperanza de cambio

La actitud farisaica se manifiesta en el énfasis exagerado de la forma: el cumplimiento estricto de las normas, el largo del cabello o del vestido, la camisa blanca y la corbata. Mientras observamos meticulosamente estas cosas, olvidamos el amor fraternal, la unidad de la iglesia, la honradez y la misericordia.

Jesús denunció a los fariseos por darle importancia primaria a lo que era secundario y viceversa:

«¡Ay de vosotros, escribas y fariseos, hipócritas! porque diezmáis la menta, y el eneldo y el comino, y dejáis lo más importante de la ley: la justicia, la misericordia y la fe».

—Mateo 23:23

Para un fariseo lo más importante es la apariencia externa. Pero al enfatizarla, evidenciamos el caos de la religión, porque al dedicarse a la búsqueda de una imagen perfecta, se abandona el cuidado de una vida interna pura. «Porque limpiáis lo de fuera del vaso y del plato, pero por dentro estáis llenos de robo y de injusticia…que por fuera, a la verdad se muestran hermosos, mas por dentro están llenos de huesos de muertos y de toda inmundicia. Así también vosotros por fuera, a la verdad, os mostráis justos a los hombres, pero por dentro estás llenos de hipocresía e iniquidad» (Mateo 23:25–28).

El fariseo quiere ser él mismo la causa de lo sobrenatural: la pureza, la santidad, la justicia. Todo aquello que sólo Dios puede hacer, el fariseo pretende alcanzarlo por sus propios medios.

Dios no es perfeccionista, es perfecto. El perfeccionismo busca alcanzar una excelencia de carácter o de disciplina para exaltarse a sí mismo y para imponerse a sí mismo sobre otros. Busca controlar a otras personas a través de su supuesto ejemplo. Debemos ser ejemplo pero no con el fin de esclavizar a otros. Esta forma de pensar busca controlar a las personas a través del temor de desagradar a Dios, temor al castigo si no se cumplen ciertas disciplinas.

En mi vanidad juvenil logré alcanzar una posición espiritual que me hacía sentir satisfecho. Era el ejemplo de los demás, el predicador más joven de la congregación y el muchacho más espiritual que había por esos alrededores. Oraba fielmente dos horas diarias y leía la Biblia ávidamente. Ayunaba tanto que en algunas ocasiones al despertar, mi madre me preguntaba nerviosamente:

—¿Vas a desayunar?

A lo que yo respondía:

—¡No, voy a ayunar otra vez!

Entonces mamá me diría preocupada:

—Pero hijo, para que un espíritu pueda ayunar, necesita de un cuerpo. (Para los que no lo captaron, hay un chiste en estas palabras: era tan delgado que casi no me quedaba cuerpo... ¡olvídenlo!)

Yo trataba de vestir como un predicador y de esa forma demostrar que era un cristiano comprometido. Esta misma meta intentaban alcanzar muchos jóvenes mediante una disciplina espiritual estricta a través del ayuno, de largas horas de oración y la acumulación de conocimientos bíblicos.

¿Por qué este énfasis es erróneo?

Porque supone que los cambios espirituales nacen a partir de cosas externas que hacemos.

Pablo, nos advierte que aunque las disciplinas externas tienen cierto valor, no pueden de ninguna manera darnos victoria contra los apetitos de la carne.

Todos tenemos un fariseo dentro. Es un niño buscando el vínculo con un padre, un buen hombre que ignora que su bondad no es suficiente. Un atrevido adolescente que quiere subir la escalera al cielo sin ayuda de nadie, cuya determinación le enceguece como para ver que su escalera está rota...

El otro personaje en la sala: un buscador indigno

Este personaje es el cobrador de impuestos y derechos aduaneros. En algún momento de la historia este título fue honroso, pero luego estos hombres fueron odiados por la gente, excomulgados de las sinagogas y excluidos del trato normal. Como consecuencia, se veían obligados a buscar la compañía de personas de vida liviana, los «pecadores». Su tendencia a cobrar más de lo debido, y su exclusión de la sociedad religiosa se ven reflejadas en distintas partes de la Biblia. Por ejemplo, el relato sobre Zaqueo, «Jefe de los publicanos» y Mateo.

El publicano era una figura despreciable. Considerado un traidor dentro de la comunidad hebrea porque servía al imperio romano cobrando impuestos para ellos. Presionaba al pueblo y le robaba los impuestos para entregárselos al enemigo de la nación.

> «Mas el publicano, estando lejos, no quería ni aún alzar los ojos al cielo…»
> —Lucas 18:13

El publicano se hinca delante de Dios y ni siquiera se atreve a alzar su rostro. Esta es la expresión física de una actitud de corazón, ponernos de rodillas ante Dios, reconocer quién es Él. Su corazón estaba quebrado. El quebranto de corazón y humillación capturó la atención de Dios.

Luego le pide a Jehová que lo cambie: «Sé propicio a mí».
¡Tenía el enfoque correcto!

La oración de este hombre contiene una definición honrada de sí mismo: soy un pecador. Pero a la vez, no se encierra en sí mismo, sino que se extiende hacia Dios como el enfoque de su hambre espiritual. Para aquel que sabe cuál es su condición, es más fácil recibir las buenas nuevas cuando las escucha. Al fariseo había que convencerlo de que estaba mal porque consideraba que él no necesitaba ayuda. El publicano sabía que estaba mal y que no valía nada delante de la gente, como consecuencia buscó a Dios y esa actitud le abrió la puerta a la gracia divina.

«...a mí, pecador...»

—Lucas 18:13

Finalmente cuando este hombre se define como pecador, nos ofrece una descripción honrada de nosotros. El autor Brennan Manning expresa lo siguiente: «Lo que se niega no puede ser sanado».[1]

Si no identificas el mal no puedes buscar la medicina.

Contrastes entre la vida del fariseo y el publicano

El fariseo hablaba consigo mismo y de sí mismo, pero el publicano oraba a Dios y fue oído. El fariseo podía ver los pecados de otros, pero no el suyo. En tanto que el publicano se concentró en sus necesidades y las admitió con franqueza.

El fariseo se jactaba; el publicano lloraba. El fariseo regresó a su casa peor de como se había ido, el publicano volvió a su casa perdonado.

La lección y advertencia en esta historia quedó para el fariseo. La humildad es la madre de las virtudes, así como el orgullo es el padre del pecado. En el caso del hombre, la humildad es tener la capacidad de reconocer quién es cada uno: Somos pecadores, una raza que cayó y que tomó la decisión equivocada. Pero, a la vez, podemos reconocer quién es Dios: «Mi Creador, mi Dios, mi salida, mi solución, mi vida, la fuente de todo lo bueno que podría pasarme».

Inicié este capítulo con una pregunta: ¿Cómo crecer espiritualmente? Y la respuesta implica una verdad que está relatada en la parábola del fariseo y el publicano. Esta corta historia contesta un interrogante crucial para el cristiano: ¿Puede alguien llegar a la presencia del Dios Todopoderoso y salir de allí siendo el mismo?

El publicano nos enseña cuál es la puerta de entrada a la presencia y el corazón del Padre: La humildad, que se define como la clave del cambio espiritual. El orgullo como el mayor obstáculo y por ende, lo que impide que nos acerquemos más a Dios y podamos crecer en Él.

¿Quieres crecer espiritualmente? ¿Qué harás cuando te encuentres en la encrucijada del cambio? Una señal apunta hacia el sur, hacia tu casa, tu orgullo, el fariseo en el corazón, las caretas y los substitutos...

La otra señala al norte... a tu Dios, es la senda de la humildad de corazón, la sinceridad y la dependencia.

Gracia es recibir
lo que no merecemos.
Misericordia es no recibir
lo que sí merecemos.
—*Desconocido*

Capítulo 4

La gracia es un abrazo

¡Dame! Cuando esas palabras se pronunciaron en la mesa aquella mañana, los ojos del padre se apagaron con dolor. Buscó aquel brillo de amor que había en los ojos de su hijo, pero no lo encontró. Había en cambio un ceño fruncido y una mirada exigente, esquiva y distraída.

La misma mirada perdida que tenía el menor la tarde anterior en que el padre trató de averiguar qué le pasaba. Hacía unas semanas lo notaba tardo para levantarse a trabajar, las labores quedaban incompletas y su asiento vacío a la hora de cenar.

El padre había considerado reducirle la jornada que se extendía desde el amanecer hasta la caída del sol. Quiso discutirlo durante una de las acostumbradas caminatas nocturnas que tanto disfrutaban, sólo que su hijo prefirió encerrarse en su cuarto y escuchar música.

Mientras pensaba en la posible causa, recordó haberlo encontrado mirando fijamente por la ventana que daba al occidente. ¿Qué tiene que ver el poniente con este cambio? Tratando de atar cabos sueltos, también recordó aquella tarde en que su hijo se detuvo a hablar con unos forasteros. Parecían muy jóvenes y la conversación se extendió por mucho rato entre risas y bromas.

Finalmente se retiraron mientras el joven los despedía con la mano en alto, como si se tratara de dejar ir a viejos amigos. Por la próxima hora, su hijo se quedaría recostado sobre la cerca que daba al camino, con las manos sosteniendo el rostro, como si soñara seducido por las luces lejanas de los montes del camino al oeste.

No podía entender lo que pasaba. Le había dado todo el amor que le era posible expresar. Por ser el menor, tuvo la dicha de dedicarle más tiempo que a su primogénito. Era el gozo de su vejez. Lo había visto crecer hasta convertirse en un joven fuerte, decidido y amoroso...

—Papá, ¿me escuchaste?—, preguntó el hijo molesto.

—Perdona hijo–, contestó rápidamente.

—Es que no entiendo, ¿por qué querrías la herencia en este momento? ¿Es que necesitas algo? Sabes que lo que pidas lo tienes, todo lo que hay en esta finca es tuyo, lo sabes bien, ¿verdad?—, continuó el padre diciendo.

—No es eso papá, es que estoy harto de vacas y cerdos. Antes todo me daba gusto, pero ahora lo he perdido. Siento que me estoy muriendo entre paja, rastrillos y baldes. Necesito un cambio… ¡Quiero mi vida! ¡Mi propia vida!

—Hijo, tienes toda una vida asegurada aquí, con nosotros —replicó el padre mientras trataba de abrazarle.

—Suéltame, papá. ¡Ya no soy un niño! ¿No lo ves? ¡Me estoy asfixiando aquí! Mi vida se está apagando a tu lado, mientras afuera hay tanto que ver…

—¿No has oído papá?—, continuó alterado su relato—. Hay ciudades al otro lado de las montañas donde las luces nunca se apagan y los amigos nunca faltan.

—Me aburren estas paredes de madera, la comida siempre a la misma hora, las críticas de mi hermano, tus órdenes y mis torpes tareas. Quiero mi parte, quiero mi vida… tengo derecho a…

—Hijo, esto me rompe el corazón. Sin embargo, no creo que eso te importe mucho. Te daré lo que pides…

—Sólo respóndeme antes de irte:

¿Cuándo dejaste de amar esta casa de comunión? ¿Cómo es que el deleite de servirme se convirtió en fastidio? ¿Quién ha distraído tu atención y estorbado nuestra amistad? ¿Desde cuándo tu alma ha estado ausente de nuestra mesa? ¿Qué ventana ha seducido tus sentidos? ¿Qué ha tomado más importancia que nuestro encuentro?

¿Cuál es el fuego extraño que pudo más que el calor de mi presencia?

Dime, si es que lo sabes. Contéstame si es que te has dado cuenta.

¿Cuándo te pedí sacrificios en vez de devoción? ¿Es que te pedí servicio en vez de pasión?

¿Cuánto tiempo has vivido en mi casa, pero mirando por una ventana hacia fuera? ¿Cómo te has engañado a ti mismo?

☙ ☙ ☙

El viejo portón se escuchó sonar. El padre se asomó por la ventana mientras su hijo se alejaba conduciendo, dejando atrás una nube de polvo que se te extendió hasta el horizonte. La casa se quedó en silencio, solamente se escuchó un sollozo y, desde afuera, los jornaleros recuerdan haber visto una sombra, la silueta inerte del padre que se quedó orando, como pegado allí hasta que llegó la noche, junto a la ventana que daba al poniente...

☙ ☙ ☙

Luces parpadeantes y avenidas saturadas. Chasquidos de zapatos que corren de un lado a otro.

«Oferta», «Bienvenido», «Pruébalo, ya», se escucha el sonido metálico de las monedas y el campanear de las máquinas... «Moda de verano», «Happy Hour» ...risas y beeps que anuncian la medianoche.

Las miradas que hablan, vestuarios que insinúan... ya es de noche, es de día otra vez, ya llegó el viernes y es domingo una vez más.

Diez mensajes en el contestador telefónico, veinte llamadas por hacer, los pagos de la tarjeta de crédito, la billetera vacía...

CRCRCR

«¿Por qué gastáis el dinero en lo que no es pan, y vuestro trabajo en lo que no sacia?»

—Isaías 55:2

«Y cuando todo lo hubo malgastado, vino una gran hambre en aquella provincia, y comenzó a faltarle».

—Lucas 15:14

La provincia del deseo es también el lugar del hastío espiritual. Hay un vacío tan grande detrás de todas sus luces y placeres. Te absorbe las fuerzas, pero no ves el fruto. Desgastas los recursos, pero no alegras el alma.

Aunque haces mucho, no llegas a ninguna parte. Te has vuelto infructuoso.

Los cantos no te conmueven, las prédicas te aburren. Sólo quedan las experiencias del ayer. Nada te sacia, nada te llena. Ni los amigos de la iglesia, pues no los quieres ver, ni los amigos de afuera, porque desaparecieron. Nada te entretiene, todo te aburre. No hay programa que te complazca.

Te preguntas por qué te sientes así, aun cuando asistes a la iglesia.

Es que no te has dado cuenta que aunque visitas la casa del Padre, estas viviendo en una provincia lejana...

Padeces de anemia espiritual y no lo sabes. Te sucedió lo que a los creyentes de Efeso:

«Yo conozco tus obras, y tu arduo trabajo y paciencia;...y has sufrido, y has tenido paciencia, y has trabajado arduamente por amor de mi nombre, y no has desmayado. Pero tengo contra ti, que has dejado tu primer amor».

—Apocalipsis 2:2–4

Has vivido el proceso silencioso del deterioro de la fe. Este es un tiempo en el que sufres los síntomas, pero no siempre te percatas de cuál es la causa. La provincia lejana es un lugar donde sirves obsesivamente, pero no encuentras reposo. Te faltan fuerzas para orar, careces de fe para pedir y ni tienes ganas de cantar.

«Y fue y se arrimó a uno de los ciudadanos de aquella tierra, el cual le envió a su hacienda para que apacentase cerdos. Y deseaba llenar su vientre de las algarrobas que comían los cerdos, pero nadie le daba».

—Lucas 15:15

La provincia lejana es un estado del corazón que nos lleva a la degradación. Aquel que huía del trabajo de la finca, al trabajo de la finca vino a dar. Sometido ahora a la fuerza. Deseando la basura misma.

La historia del hijo pródigo es también nuestra historia. El relato de muchos hijos de ministros que dejaron la casa de sus padres para malgastar sus recursos espirituales. Es la radiografía del corazón religioso, que aunque está físicamente presente en la «casa», tiene el alma seducida por las «luces» lejanas. La senda del pródigo es la del corazón tibio de la iglesia. Un camino interior por donde hemos descendido, casi sin darnos cuenta. Al despertar del estupor espiritual, nos hemos encontrado comiendo las sobras, pero no supimos cómo llegamos allí. Es que no sucedió de la noche a la mañana, fue un proceso lento; a veces, de años.

Cuando el joven rey Ezequías subió al trono, comienza un proceso de renovación espiritual. Al llamar a los líderes al arrepentimiento, les deja saber cómo habían llegado al estado de enfermedad espiritual que padecían.

> «Porque nuestros padres se han rebelado, y han hecho lo malo ante los ojos de Jehová nuestro Dios; *porque le dejaron, y apartaron sus rostros del tabernáculo de Jehová, y le volvieron las espaldas. Y aún cerraron las puertas del pórtico, y apagaron las lámparas; no quemaron incienso,* ni sacrificaron holocausto en el santuario al Dios de Israel».
>
> —2 Crónicas 29:6–7, énfasis del autor

Como ves, el decaimiento espiritual es un proceso que paulatinamente nos lleva del desinterés ligero a la rebelión abierta.

Pero, ¿cómo salimos de allí? Dichosamente, la historia no termina aquí. En los próximos versículos se describen tres principios de restauración para el corazón de un «hijo pródigo»:

1. Descubre tu condición espiritual real

> «Y volviendo en sí…»
>
> —Lucas 15:17

Cuando esto sucede es como si de pronto se te cayera una venda de los ojos. Alguien apasionado por Dios te hará sentir como un témpano de hielo. Quizás un simple canto o una palabra te hará despertar del sueño.

Cuando a los 19 años regresé al camino del Señor, alguien me regaló el casete de un pianista y cantante norteamericano llamado Keith Green. El nombre del disco era «No compromise». Sus palabras entraron en mi alma tibia como un rayo de confrontación y exhortación. Su voz profética me hizo llorar y estremecerme delante de Dios.

Muchos años después tuve el privilegio de experimentar algo similar cuando escuché el disco de Marcos Vidal titulado «Buscadme y viviréis». Al oír las primeras líneas caí al suelo entre lágrimas pidiendo al Señor que avivara mi vida otra vez.

> «Recuerda, por tanto, de dónde has caído, y arrepiéntete…»
>
> —Apocalipsis 2:5

No hay peor enfermedad que la que no reconoces. Esa fue la desgracia de la iglesia de Laodicea. Creía estar muy bien, pero su situación espiritual era gravísima.

«Porque tú dices: Yo soy rico, y me he enriquecido, y de ninguna cosa tengo necesidad; y no sabes que tú eres un desventurado, miserable, pobre, ciego y desnudo».

—Apocalipsis 3:17

Antes de volver a la casa del Padre, es necesario que sepamos reconocer dónde estamos realmente y nos arrepintamos. El arrepentimiento no es un suceso único y aislado en la vida del cristiano. Es un estilo de vida. Debemos aprender a vivir con él. Esta es la puerta de regreso al Padre.

2. Anhelo de cambio y confesión

«Me levantaré e iré a mi Padre».

—Lucas 15:18a

Hay una agonía en el alma que nos empuja hacia el cielo. Es el hambre espiritual que se despierta en aquel que se vuelve a Dios. El anhelo espiritual es señal de una visitación divina. Necesitamos anhelar más a Dios, desear más un cambio profundo, llorar por algo fresco otra vez.

Este anhelo de cambio se manifiesta en la confesión sincera:

«...y le diré: Padre, he pecado contra el cielo y contra ti».

—Lucas 15:18b

La confesión es indispensable para el cambio espiritual. Recuerda lo inútil de la oración del fariseo porque era incapaz de reconocer su bancarrota espiritual. En contraste, la confesión del publicano ganó la gracia transformadora de Dios. Es necesario que llamemos al pecado por su propio nombre. Mientras atribuyamos nuestros fracasos a otros, estaremos en obscuridad espiritual. Hablaremos más sobre el papel de la confesión en el próximo capítulo.

3. Decisión

> «Y levantándose, vino a su padre…»
> —Lucas 15:20a

Podemos llorar toda la vida nuestras faltas, pero nada cambiará hasta que nos determinemos a seguir un nuevo rumbo. Podemos soñar por siempre cómo quisiéramos ser, pero no será sino hasta que nos «levantemos» de donde estamos hoy, que podremos alcanzar el destino que Dios preparó para nosotros.

Hay que tomar decisiones. Algunas veces tendremos que romper una relación, cambiar de empleo, renunciar a algo o retomar la sencillez de nuestra búsqueda inicial.

> «Recuerda, por tanto, de dónde has caído, y arrepiéntete, y haz las primeras obras…»
> —Apocalipsis 2:5

De regreso a casa

«Y cuando aún estaba lejos, lo vio su padre, y
fue movido a misericordia, y corrió, y se echó
sobre su cuello, y le besó».

—Lucas 15:20b

Otro día más terminaba en la finca. Los animales recién
habían sido conducidos a sus corrales. La silenciosa casa
se llenó con el delicioso olor de la cena que los siervos pre-
paraban. Mientras el padre se dirigía a lavar sus manos, se
detuvo nuevamente al final de las escaleras para mirar por
la ventana. Inhalando profundamente susurró una oración.
Perdida la mirada y el corazón en el horizonte.

El sol se ahogaba entre las montañas color marrón y
dejaba tras de sí estelas rojizas que a su vez daban paso al
púrpura y azul profundo.

Fue entonces que su mirada se fijó en una silueta vacilan-
te que se movía en el grisáceo contorno del camino. Aunque torpe y lento, era el mismo caminar del que se había
ido. Las pupilas se abrieron y el corazón saltó dentro. Se
deslizó rápidamente por las escaleras, abrió las puertas de
par en par y salió como disparado por el jardín, el viejo
portón rechinó con fuerza al ser tirado y por la calle polvo-
rienta se escucharon las pisadas alocadas del padre.

—Hijo mío— fue lo único que alcanzó a decir antes de
abrazarlo, y sellando el encuentro con un beso en su cuello
se echó a llorar como un niño.

Con los ojos en el suelo, el hijo tembloroso y llorando dijo:

«*Padre, he pecado contra el cielo y contra ti y no merezco…*»

—Shhhh— mientras el padre ponía los dedos sobre sus labios le dijo:

—Bienvenido, te he extrañado.

La misericordia corre hacia ti cuando quieres volver a Dios, y corre más rápidamente que el juicio.

Hace unos años escuché a Benny Hinn decir lo siguiente: «Cuando tú das un paso hacia Dios, Él da dos y tres hacia ti».

El cielo se nos viene encima con un abrazo cuando regresamos, y mientras tímidos miramos de lejos nuestro hogar, ese abrazo del Padre nos introduce de regreso en su amor.

El abrazo que hace olvidar

Viajé por primera vez a España en el año 1993, con mi cuñado Rodrigo, mi hermana Guiselle, y dos músicos puertorriqueños. Después de casi tres semanas, la gira finalizaría con un evento cerca de Puente Genil, en las proximidades de Sevilla.

Pero una mañana recibimos una llamada telefónica de quien se identificó como Marcos Zapata, un pastor de la ciudad de Lugo, en Galicia. Nos rogaba que fuéramos a visitarles. Con mucha pena le contesté que no podíamos aceptar la invitación, pues no teníamos tiempo libre y estábamos muy cansados.

Cuando hablé con mi cuñado acerca del llamado, me dijo que él sentía que debíamos ir. Pero ya nada podía hacer, había colgado el teléfono y no tenía forma de saber el número telefónico de esa persona. Curiosamente, el evento que teníamos pendiente se canceló y entonces nos dedicamos a pasear.

Al regresar del paseo, tarde en la noche, sonó otra vez el teléfono: era Marcos Zapata, nuevamente. Se disculpó y dijo que llamaba con la esperanza de que algo hubiera sucedido para permitirnos ir. (¡Un tipo increíble! ¿no?)

Al día siguiente viajamos por tierra nueve horas hacia la ciudad de Lugo. Viajamos con setenta pasajeros, las ventanas estaban herméticamente cerradas, el aire acondicionado estaba descompuesto, y la mayor parte de los pasajeros fumaban. El humo era tanto, —sin temor a exagerar— que ni siquiera podíamos ver al chofer. Estábamos exhaustos, incómodos y además molestos.

Debo confesar que: ¡Quería regresar a casa! Me arrepentí varias veces de haberle dicho sí al pastor.

Sin embargo, cuando las puertas del autobús se abrieron fuimos recibidos (en medio del frío y de la lluvia) con el abrazo más caluroso que haya recibido jamás. Con ese abrazo se selló una amistad que atesoro hasta hoy y todo lo demás quedó en el olvido...

Un abrazo puede hacer que un hijo pródigo olvide la vergüenza de comer basura y de andar como un mendigo. Hace que la culpa se vaya, que el cansancio se olvide. Esa es la gracia de Dios. Nos hace sentir amados y bienvenidos. Nos abre la puerta del corazón y nos dice: «Te he estado esperando».

La gracia de Dios es un abrazo.

El anillo de restauración

Pero luego de la bienvenida viene la confirmación de su amor. Aquel padre rebosaba de alegría al ver a su hijo de regreso en casa. Y colocó un anillo en la mano de su hijo.

El anillo es un símbolo de pertenencia. Es el Espíritu Santo que viene a nosotros en una manifestación de restauración, cuando nos atrevemos a pasar por ese puente de la confrontación, de la confesión, de la transparencia.

Ese es el proceso por el cual el Señor me llevó a mis veinte años, para enseñarme quién soy, para decirme que yo pertenezco a *casa*, pertenezco a mi Padre y mi Padre me pertenece. Mi destino es adorarle eternamente delante de su trono.

No hemos recibido el espíritu de temor para estar en esclavitud, como estuvimos durante muchos años. Hemos recibido el espíritu de adopción por el cual clamamos: «Abba Padre».

La Escritura dice: «Y nos ha dado las arras del Espíritu en nuestros corazones» (2 Corintios 1:22).

Las arras era lo que se entregaba como prenda o señal de algún contrato, o el primer pago dado como garantía de la cancelación de la deuda. El Espíritu Santo es el sello que nos asegura que pertenecemos a Dios. El Espíritu Santo es un anticipo, un depósito, una firma válida en un contrato. Su presencia en nuestra vida ratifica que tenemos una fe genuina, y prueba que somos hijos de Dios. Ahora, su poder obra en nosotros transformando nuestra vida y es un adelanto del cambio total que experimentaremos en la eternidad.

Ese anillo es el símbolo que demuestra quiénes somos, y a quién pertenecemos. Tenemos una tierra nueva, un hogar; no somos extranjeros como lo menciona el libro de Efesios: «Así que ya no sois extranjeros ni advenedizos, sino conciudadanos de los santos, y miembros de la familia de Dios» (Efesios 2:19).

Esta es la vivencia del hijo pródigo, es el descubrimiento que necesitamos los que tenemos una verdadera relación con Dios. Este vínculo no está basado en lo que hayamos hecho, sino en lo que Él hizo. El Padre reconstruyó el puente de los cielos a la tierra, quitó de en medio el pecado, rompió el velo, nos abrió las puertas del corazón.

Esto nos ayuda a descubrir que el corazón de Dios está abierto, y tan solamente debemos entrar y tomar todo lo que hay en él. Permitir que haga fiesta por nosotros, cantar, adorar otra vez. Acceder a que nos ponga un vestido blanco, que nos enseñe la justicia de Dios. Que nos coloque zapatos nuevos en los pies para enseñarnos a caminar rectamente, erguidos, en una nueva dimensión.

Esto es lo que pasó con nosotros cuando nos convertimos, y sucede cada vez que Dios nos lleva a un proceso donde debemos ser más honestos y confrontar la oscuridad que hay en nuestro corazón, para ser liberados y poder caminar en una comunión más intima con Dios. Él nos da zapatos nuevos y nos enseña a caminar.

Al terminar este capítulo, nada sería mejor que desnudar nuestro corazón y confesar nuestra falta de pasión por Dios. Por qué no lo haces con las palabras de esta canción, un viejo canto que Keith Green escribió y que delató la frialdad de mi alma durante mi adolescencia.

Señor, los sentimientos no son los mismos
Creo que estoy más viejo.
Señor, los sentimientos no son los mismos
Tal vez he crecido, tal vez he cambiado.
Y como deseo que me hubieran explicado
Que al crecer debe uno recordar
Que nada permanece.
Solamente la gracia de Dios
Que me guarda en Jesús,
Sé que seguramente yo me apartaría
Si no fuera por la gracia
Que me salvó.
Recuerdo aquella forma tan especial
En que te serví cuando recién creí,
Pero tal como Pedro, no puedo
Ni velar, ni orar una hora contigo
Y apuesto a que podría negarte.

Nada permanece
Solamente la gracia de Dios
Que me guarda en Jesús,
Sé que me apartaría
Si fuera por la gracia
Que me salvó.[2]

Repite esta oración: «Padre amado, tú eres el Eterno, aquel que nunca cambia y que permaneces inmutable, a ti me acerco. Tengo que admitir que mi alma cambia como las hojas con las estaciones. Mis ojos se distrajeron, mi pasión se enfrió y mi alma ha vivido en una provincia alejada de ti por mucho tiempo. Estoy de regreso a ti, a donde pertenezco. Que se encienda mi alma por fuego puro, que mis ojos se limpien con tu luz, que mis pasos se afirmen con tu gracia y que mi alma descanse segura de nuevo en ti...»

Dios hace mucho con poco,
más con menos y
todo con nada.
—*Arthur Burt*

Capítulo 5

BUSCANDO LA BENDICIÓN DEL PADRE

En el año 1992, durante el Congreso de Alabanza y Adoración, Chuy Olivares ministró en la iglesia donde me congrego. Habló acerca de las sendas de Dios y los tratos divinos con sus hijos. Luego de su prédica, Chuy hizo el llamado al altar. Como director del congreso, me sentí totalmente bendecido por la palabra y pasé al frente. Allí tuve una pequeña visión en la que observé una fuente de agua cristalina donde se reflejaba el sol de la tarde. Mi pensamiento fue: «Ese debe de ser mi corazón». El Espíritu Santo me lo confirmó así, pero agregó: «no has visto toda la imagen». Vi la mano del Señor que se introducía en el fondo de aquella fuente y comenzaba a buscar. Mientras lo hacía, el agua limpia y clara se revolvía y se mezclaba con agua estancada y las hojas que surgían del fondo. Finalmente aquella fuente de agua cristalina se convirtió en un pantano. Al ver esa triste imagen lloré diciéndole al Señor:

—No puede ser que ésta sea mi vida.

—Sí, eres tú. Te mostré esto porque el próximo año te llevaré por un proceso de confrontación, de transparencia y de arrepentimiento—, me dijo.

—Pero, ¿de qué debo arrepentirme?—, pregunté asombrado.

—Eso es lo que necesito que descubras—, respondió.

A partir de ese momento ingresé en una nueva etapa de confrontación, pero esta vez no fue al mismo nivel que a los 19 años. Descubrí que el proceso que comenzó en mi adolescencia no había terminado, simplemente estaba incompleto. Se avecinaba un tiempo crucial, de mi respuesta al trato de Dios dependería el resto de mi caminar cristiano.

Durante ese año '93 Dios permitió que yo pudiera reconocer la necesidad de dejar de ser una persona autosuficiente, como lo había sido durante toda mi vida como cristiano. Mi fórmula era: «Dios y yo, no necesito de nadie más». Acostumbraba decirle al Señor que si debía tratar algo conmigo que lo hiciera directamente. «Trata tú conmigo, háblame, sáname Tú, no necesito intermediarios ni ayuda», esas eran mis palabras. Esa es una máxima con la que viven muchas personas en la iglesia, pero que encierra un engaño en sí misma. Ninguno de nosotros fue creado para caminar sin ayuda. Ninguno de nosotros contiene la verdad absoluta de Dios y por lo tanto, necesitamos de ese «destello» de Dios que hay en nuestros hermanos. Fuimos creados como seres que necesitan formar parte de una familia, en una casa, en una iglesia. En el Cuerpo de Cristo, cada uno de nosotros tiene un reflejo de Jesús y necesitamos compartirlo unos con otros.

Mi independencia espiritual y mi orgullo solapado me hubieran llevado al fracaso espiritual en el ministerio, de no ser por el trato particular que Dios trajo a mi vida durante ese año. Pero Dios me forzó a la transparencia, y dichosamente usó a algunas personas que se convirtieron en amigos entrañables durante ese duro proceso. Hablaré de esto más profundamente en el capítulo siete.

La transparencia tiene que ver con el atrevimiento de ser nosotros mismos, de venir cómodamente delante de un padre que nos ama y nos acepta por quiénes somos para que nos cambie. Pero también es necesario aprender a ser transparentes con aquellas personas que son instrumentos de Dios para traer sanidad y restauración a nuestra vida.

Descubrir la esencia del pecado en nosotros, ya sea la religiosidad, el orgullo, la independencia o la carnalidad, es el paso inicial para aceptar el amor de Dios y sus brazos abiertos. La liberación viene al comprender que no podemos, que no tenemos la respuesta en nuestras manos, entonces aceptamos el Evangelio, que son las buenas noticias de restauración, perdón, renovación y santidad para el ser humano. Este es el camino de inicio a la presencia de Dios.

Para todo ello es necesario el quebrantamiento espiritual, y esa fue la experiencia de Jacob. En su historia encontraremos algunos principios de vida para quienes buscan esa transformación espiritual.

La experiencia de Jacob

«Cuando se cumplieron sus días para dar a luz,
he aquí había gemelos en su vientre. Y salió el
primero rubio, y era todo velludo como una pe-
lliza; y llamaron su nombre Esaú. Después salió
su hermano, trabada su mano al calcañar de
Esaú; y fue llamado su nombre Jacob».

—Génesis 25:24–25

La Biblia relata la maravillosa historia que comienza con
Isaac, hijo de Abraham, y Rebeca, quien había sido estéril.
Luego de la intervención del Señor, Rebeca queda embara-
zada. Pero esta madre vive una situación tremenda durante
su embarazo. Sus hijos luchan dentro de su vientre antes
de nacer. Dada la circunstancia consulta a Dios sobre lo
que le estaba sucediendo y Él mismo le revela que dentro
de ella había dos personalidades fuertes, dos naciones,
dos pueblos que estaban divididos aún desde sus entrañas.
También le habla acerca de un pueblo más fuerte que el
otro, y que el mayor de sus hijos serviría al menor.

Cuando los días para dar a luz se cumplieron, Rebeca
tuvo a sus gemelos, Esaú y Jacob. El primero que nació fue
rubio y lo llamaron Esaú, que significa «velludo» porque su
cuerpo estaba cubierto de vello. Luego nació el segundo de
sus hijos que estaba tomado del calcañar de su hermano,
ese fue Jacob que significa «suplantador o uno que toma
por el calcañar».

102

Jacob fue marcado desde su nacimiento por un nombre despectivo y denigrante: «suplantador». Este nombre denotaba el perfil de su corazón. Jacob siempre luchó por ocupar un lugar y tomar una bendición que no le correspondían. Aun antes de nacer peleó con su gemelo por querer ser el primero. Sin embargo, cuando Esaú logró salir en primer lugar del vientre de su madre, Jacob lo tenía tomado del calcañar.

Pronto Esaú se convirtió en el favorito de su padre, ya que era un hombre de campo, diestro en la caza. Fue el objeto de todo el orgullo de su padre. Isaac amó a Esaú ya que era el primogénito de la familia, y se convirtió en sus ojos.

Mientras tanto, Jacob fue el preferido de su madre. La Biblia lo describe como un varón quieto, que habitaba en las tiendas. Era el tipo de joven casero, que no andaba por las calles cazando aves ni molestando a los vecinos. Vivía sumido entre libros y «navegando por la Internet», por eso se convirtió en el amor de su mamá.

Dos personalidades tremendas y diferentes. Desde pequeño, Jacob experimentó la ausencia de la bendición de un padre que prefirió a su hermano. Se crió, sin embargo, como un niño que no quería ser el último sino el primero.

Cuando Jacob creció, procuró arrebatar la bendición del primogénito en la familia y lo logró aprovechándose de un momento de debilidad y hambre de su hermano. Obtuvo la primogenitura a cambio de un plato de lentejas.

> «Y guisó Jacob un potaje; y volviendo Esaú del campo, cansado, dijo a Jacob: Te ruego que me des a comer de ese guiso rojo, pues estoy muy cansado… Y Jacob respondió: Véndeme en este día tu primogenitura…, y vendió a Jacob su primogenitura… Así menospreció Esaú la primogenitura».
>
> —Génesis 25:29–34

Esaú se caracterizó por ser una persona sin discernimiento espiritual. Vivía por sus instintos y deseos. Jacob en cambio, logró su cometido al comprar la bendición espiritual que anhelaba, con un plato de lentejas.

Jacob no logró ser el primogénito, pero sí logró la primogenitura y su bendición. El primer varón en una familia judía disfruta de algunos beneficios que los demás hijos no tienen. Según la ley, el primer hijo varón de una familia debía ser ofrecido al Señor. Era la primicia de los frutos de un matrimonio, debía ser entregado a Dios y redimido. Por eso, los padres para poder retener a su hijo con ellos en lugar de ofrecérselo a Dios en servicio, tenían que redimirlo. Criaban a su hijo, pero lo dedicaban al Señor como una ofrenda de servicio. El primogénito también tenía la posibilidad de recibir la bendición de los patriarcas cuando creciera. Una vez que su padre moría, el primogénito era el sucesor. Esaú heredaría el 60% de las posesiones de su padre, sería el caudillo, el jefe.

Por todas esas razones era tan importante para Jacob la bendición que le daría su padre a Esaú, su hermano gemelo.

El engaño

Cuando estos hermanos eran grandes e Isaac, el padre, estaba por morir, sucedió algo de suma importancia. Esaú estaba a punto de recibir la bendición patriarcal de boca de su padre, pero antes de que eso ocurriera, Isaac le pidió a Esaú que saliera de caza para que le preparase un platillo especial.

Rebeca escuchó detrás de la puerta. De inmediato llamó a su hijo favorito, Jacob, y le contó que Isaac estaba a punto de bendecir a Esaú. Ella sabía que de alguna manera Jacob anhelaba esa bendición. Jacob aceptó la estrategia de engaño que su madre le propuso para obtener la bendición de su padre. Entonces, preparó una sopa rápidamente y se disfrazó para asemejarse a su hermano:

«Y tomó Rebeca los vestidos de Esaú su hijo mayor, los preciosos, que ella tenía en casa, y vistió a Jacob su hijo menor; y cubrió sus manos y la parte de su cuello donde no tenía vello, con las pieles de los cabritos; y entregó los guisados y el pan que había preparado, en manos de Jacob su hijo. Entonces éste fue a su padre y dijo: Padre mío. E Isaac respondió: Heme aquí; ¿quién eres, hijo mío? Y Jacob dijo a su padre: Yo soy Esaú tu primogénito; he hecho como me dijiste: levántate ahora, y siéntate, y come de mi caza, para que me bendigas. Entonces Isaac dijo a su hijo: ¿Cómo es que la hallaste tan pronto, hijo mío? Y él respondió: Porque Jehová tu Dios hizo que la encontrase delante de mí. E Isaac dijo a Jacob: Acércate ahora, y te palparé, hijo mío, por si eres mi hijo Esaú o no. Y se acercó Jacob a su padre Isaac, quien le palpó, y dijo: La voz es la voz de Jacob, pero las manos, las manos de Esaú. Y no le conoció, porque sus manos eran vellosas como las manos de Esaú; y le bendijo. Y dijo: ¿Eres tú mi hijo Esaú? Y Jacob respondió: Yo soy. Dijo también: Acércamela, y comeré de la caza de mi hijo, para que yo te bendiga; y Jacob se la acercó, e Isaac comió; le trajo también vino, y bebió. Y le dijo Isaac su padre: Acércate ahora, y bésame, hijo mío. Y Jacob se acercó, y le besó; y olió Isaac el olor de sus vestidos, y le bendijo, diciendo: Mira, el olor de mi hijo, como el olor del campo que Jehová ha bendecido; Dios, pues, te dé del rocío del cielo, y de las grosuras de la tierra, y abundancia de trigo y de mosto. Sírvante pueblos, y naciones se inclinen a ti; sé señor de tus hermanos, y se inclinen ante ti los hijos de tu madre. Malditos los que te maldijeren, y benditos los que te bendijeren».

—Génesis 27:15–29

Jacob alcanzó su sueño con engaño, suplantando, usurpando, mintiendo. Jacob refleja a una generación que está dispuesta a hacer cualquier cosa con tal de obtener la bendición de un padre que nunca estuvo allí.

La generación de Jacob

Jacob era un niño que buscaba la bendición del padre. Es el modelo de una generación como la latinoamericana que es fruto de padres incógnitos, una descendencia que no conoce a su padre, que no conoció su corazón. Somos el resultado de una generación que intenta comprar la felicidad de sus hijos con propiedades, automóviles, buenos colegios, fines de semana divertidos, pero no les deja conocer su corazón. Una generación de hombres que no sabe amar, no sabe comunicarse. Latinoamérica es fruto de una generación de hombres que se esconde en el alcohol. Hombres que formaron una generación de niños rechazados, que no tienen una identidad, que no conocen su valor, que buscan una bendición. Esa generación es la de Jacob.

Los frutos de esa generación buscan desesperadamente escuchar una bendición, pero nunca alcanzan a oírla. Es por eso que la tienen que sustituir convirtiéndose en perfectos religiosos, en perfeccionistas. Confunden el éxito con lo material. Otros, en cambio, al no lograr superar la frustración, el vacío, se hunden en las drogas, en el pecado y el alcohol, repitiendo así la maldición de la generación pasada.

La familia se divide

Al salir de allí, se alegró con su madre y pocos minutos después Esaú entró a la casa y se dio cuenta que fue engañado, se sintió burlado y buscó a Jacob para matarlo pero este había huido. Así comienza una etapa diferente en la vida de Jacob: ya había alcanzado sus metas y ahora comenzaba un proceso de confrontación.

> «Y se estremeció Isaac grandemente, y dijo: ¿Quién es el que vino aquí, que trajo caza, y me dio, y comí de todo antes que tú vinieses? Yo le bendije, y será bendito».
>
> —Génesis 27:33

Isaac entendía el poder que tienen las palabras sobre la vida de los hijos. Es la bendición de un cambio.

> «Y Esaú respondió: Bien llamaron su nombre Jacob, pues ya me ha suplantado dos veces: se apoderó de mi primogenitura, y he aquí ahora ha tomado mi bendición. Y dijo: ¿No has guardado bendición para mí?»
>
> —Génesis 27:36

Esaú salió para vengarse y a partir de aquel acontecimiento los hermanos se separaron. Finalmente Isaac entendió los designios de Dios, bendijo a Jacob y le mandó diciendo:

> «No tomes mujer de las hijas de Canaán. Levántate, vé a Padan-aram, a casa de Betuel, padre de tu madre, y toma allí mujer de las

hijas de Labán, hermano de tu madre. Y el Dios omnipotente te bendiga, y te haga fructificar y te multiplique, hasta llegar a ser multitud de pueblos, y te dé la bendición de Abraham...»

—Génesis 28:1–4

Jacob sirvió a Labán. Cuando su suegro lo engañó, después de servir varios años para poder casarse con Raquel (quien fue suplantada por Lea) se vio forzado a trabajar siete años más para poder disfrutar a su amada.

Los problemas de Jacob comenzaron allí. Él tuvo que lidiar con la envidia de su propio suegro y en ese momento comenzó un trato de Dios especial hacia Jacob. Los tratos de Dios llevaron a Jacob a un punto que hoy nos indica el camino a seguir para ser transformados y cambiados.

Mi única lucha era la lucha
de dejar de luchar:
de rendirlo todo
y dejar a Dios hacer.

—*Arthur Burt*

Capítulo 6

La marca de Dios

El proceso espiritual que nos lleva a experimentar la santidad es en el que convergen dos elementos esenciales. El primero, la gracia de Dios que nos toca y nos imparte la semejanza de Cristo. Y el segundo, nuestra voluntad que se rinde al Señor y nos mueve a tomar las decisiones necesarias para alcanzar los cambios que anhelamos.

Jamás tocaremos las alturas de la santidad de Dios sin que Él sea quien la imparta. La obra perfecta de Cristo en la cruz es la fuente de la que emana tal bendición. Su sacrificio substitutivo por nuestros pecados y su resurrección victoriosa aseguran a los creyentes la dicha de gustar de la piedad (la expresión del carácter divino) durante nuestra presente vida.

Lo anterior, sin embargo, no elimina nuestra responsabilidad de buscar la santidad y la transformación espiritual. Somos colaboradores de Dios en este proceso. Por la misma gracia que recibimos de Dios, atendemos al llamado que Él nos hace para caminar hacia la sanidad y la restauración.

El joven Jacob buscaba la bendición de su padre y la consiguió finalmente. Para lograrlo, engañó a su familia. Su búsqueda era sincera, quería romper con el estigma que conllevaba su nombre que era una expresión de la miseria espiritual y de la corrupción de su carácter.

Una vez escuchada la bendición de Isaac, Jacob fue enviado a buscar esposa. El favor de Dios estuvo sobre él bendiciéndole en todas las áreas, pero llegó el momento cuando el Señor lo llamó a volver a casa de sus padres. El «suplantador» llega a una encrucijada para alcanzar el cambio.

Quiero invitarte a observar cuatro pasos que puedes dar para encontrar una relación íntima con Dios y un lugar de sanidad para tu alma. Los siguientes principios revolucionaron mi vida y fueron una parte importantísima de la estrategia divina para traerme a un lugar de madurez y paz.

1. Cierra los capítulos inconclusos

> «También Jehová dijo a Jacob: Vuélvete a la tierra de tus padres, y a tu parentela, y yo estaré contigo».
> —Génesis 31:3

Para poder sanar las brechas emocionales y descubrir una verdadera libertad, tendremos que entender el «lugar» en nuestra vida donde fuimos marcados. Es probable que esa «marca» fuera causada en nuestro propio hogar. La vida funciona de tal manera que no puedes alcanzar tu madurez a menos que resuelvas el lugar de tus principios.

Para alcanzar el potencial de Dios en ti, debes identificar los capítulos inconclusos de tu niñez y adolescencia con el fin de enmendar errores y sanar heridas.

La historia de nuestra raza se definió trágicamente en el jardín del Edén, pues en ese lugar el hombre decidió hacer *su propia voluntad* y romper su relación con el Creador.

Para cambiar el curso de nuestra historia, Dios tuvo que volver a un jardín (Getsemaní) en el cuál Jesús (Dios-hombre) tomó el lugar de todos nosotros para rendirnos nuevamente a *Su voluntad*.

En la Navidad del '95, nos reunimos en familia para compartir una cena. Oscar, mi hermano mayor y su esposa, así como mi hermana Guiselle y Rodrigo mi cuñado, pasamos un momento muy especial.

El teléfono sonó y Oscar tomó la llamada. Pronto me di cuenta que era papá quien quería saludarnos. Le hice señas a mi hermano para que me dejara hablarle. Luego de saludarlo, lo invité a venir a lo que contestó negativamente. Tuve que insistirle que no tendría problemas con mamá y que yo era quien quería tenerlo en casa. Aunque hacía más de diez años que no vivíamos con él, papá acostumbraba vernos de vez en cuando.

Finalmente vino y comió con nosotros. Mientras cenaba, pude reconocer la voz del Señor que me indicaba obedecerle. Muchos meses atrás comencé a sentir la inquietud de poder hablar con papá para resolver algunos asuntos inconclusos en nuestra vida y el Señor me había indicado que Él me daría el momento. Pocos minutos después de haber terminado de comer, papá nos dijo que se marchaba presuroso. Sin más, me ofrecí a llevarlo a su casa.

Aunque al principio nos costó un poco, conforme nos acercamos a su casa llegamos al punto de entablar un diálogo sincero y profundo. Papá me daba las gracias por haberme hecho cargo de la familia y se disculpaba por no haberme ayudado como debía. Para mi asombro abrió el corazón contándome los pormenores de la crisis que terminó con su matrimonio.

Tenía ante mí a un hombre arrepentido, y delante de él uno que sentía compasión. Fue nuestra primera conversación de hombre a hombre.

—Hijo, tengo una deuda contigo y con tus hermanos—, dijo al final.

—Papá —le dije— no nos debe nada, hay uno que ya saldó la deuda por ti. Todos en casa te amamos y te hemos perdonado. Todo está olvidado.

Lo abracé y nos despedimos. Un capítulo importante de mi vida se cerró… esa noche buena.

El proceso de ofrecer y recibir perdón sella lo que Dios desea hacer para que crezcamos e iniciemos una nueva etapa en nuestra vida como príncipes con Dios, como gente que gobierna y que alcanza madurez en el Señor.

2. Acepta la confrontación de otros

Jacob sabía que volver a la casa de su parentela significaba encontrarse con Esaú. Su hermano era la suma de sus errores y la personificación de las grietas de carácter con las que luchaba. Dios trajo a Esaú como un mensajero de confrontación.

«Y los mensajeros volvieron a Jacob, diciendo:
Vinimos a tu hermano Esaú, y él también viene a recibirte, y cuatrocientos hombres con él.
Entonces Jacob tuvo gran temor... Y dijo Jacob:
Dios de mi padre Abraham... Líbrame ahora de
la mano de mi hermano, de la mano de Esaú,
porque le temo...»

—Génesis 32:6–7, 9, 11

Dios permitió que Jacob fuera confrontado con sus errores del pasado. Dos personas fueron usadas por Dios para ello: Esaú y Labán.

Las personas y circunstancias no cambian por sí solas lo que hay en nuestro corazón. El cambio lo produce nuestra actitud ante esa confrontación.

A menudo, las personas más cercanas a nosotros son las herramientas que el enemigo usa para herirnos. También aquellos con quienes tratamos diariamente son los mensajeros divinos de confrontación. No los pedimos, es más, si pudiéramos, nos desharíamos de algunos.

Una pobre mujer desesperada por la agonía de una vida miserable junto a su esposo oraba: «Señor, o te lo llevas o te lo mando». Muchas veces, cuando oramos para que Dios cambie a esa persona que nos irrita, recibiremos la respuesta del dedo divino señalándonos y diciendo: «Tú eres el que más necesita ese cambio».

Hay otra forma en que podemos beneficiarnos de la confrontación. La Biblia nos enseña en Proverbios 27:17 que los amigos son instrumentos de Dios para pulir nuestro carácter. *«Hierro con hierro se aguza; y así el hombre aguza el rostro de su amigo».*

Todos necesitamos contar con amigos y ministros a quienes rendir cuentas. Una de las necesidades más grandes que tenemos los que servimos a Dios es la de establecer vínculos con hombres y mujeres piadosos con quienes compartir nuestras luchas, y de quienes recibamos consejo y exhortación. Si queremos cambios necesitamos dejar el aislamiento espiritual y confiar en otras personas. Hablaremos más sobre este tema en el próximo capítulo.

3. Descubre a Dios en tu soledad

Jacob decidió dividir a su pueblo. Lo envió como caravanas delante de él con regalos para Esaú, tratando de encontrar gracia frente a su hermano. Luego se quedó solo:

> «Así se quedó Jacob solo…»
>
> —Génesis 32:24

Las cosas trascendentales en la vida de un hombre suceden en la soledad que hay en la presencia de Dios. La mayor escuela de cambio no sucede en la multitud de una conferencia ni en la vida social de la iglesia.

Moisés pasó años de «soledad» en el desierto y allí se encontró con Dios. Igualmente David, que aprendió a ser un adorador a través de sus largas vigilias en soledad. Ana fue estéril hasta que decidió ir sola al templo y desnudar su alma en la presencia de Dios, y allí, en la «soledad», encontró paz y cambio. Asimismo en la «soledad» Jesús fue tentado, pero también allí obtuvo victoria para nosotros. Necesitamos encontrar a nuestro Señor que está en la soledad.

> «Mas tú, cuando ores, entra en tu aposento, y cerrada la puerta, ora a tu *Padre que está en secreto;* y tu Padre que ve en lo secreto te recompensará en público».
>
> —Mateo 6:6, énfasis del autor

El cristianismo nos promete colocarnos en el punto donde nuestro padre Adán perdió la batalla para que recuperemos lo perdido. Allí abriremos los ojos y frente a nosotros encontraremos los enormes ojos del Padre mirándonos con asombro, como la primera vez que Adán lo vio. Solos, uno frente al otro, miraremos nuestra imagen reflejada en Sus ojos, y Él, sonriente buscará la Suya en nuestra mirada. Como un Padre que al contemplar por primera vez a su recién nacido, llora sorprendido al descubrir su semblanza en la faz de un bebé.

La oración a solas es el lugar donde conocemos al Padre que está en lo secreto, y a la vez descubrimos que somos sus hijos amados.

> «Seis días después, Jesús tomó a Pedro, a Jacobo y a Juan, los llevó aparte solos a un monte alto; y

se transfiguró delante de ellos. Y sus vestidos se volvieron resplandecientes, muy blancos, como la nieve, tanto que ningún lavador en la tierra los puede hacer tan blancos… Entonces vino una nube que les hizo sombra, y desde la nube una voz que decía: Este es mi Hijo amado…»

—Marcos 9:2–7

Lucas añade:

«…entre tanto que oraba, la apariencia de su rostro se hizo otra…»

—Lucas 9:29

Jesús se fue al monte a orar y tres discípulos fueron con Él. Conforme Jesús oraba, la apariencia de Su rostro cambiaba y comenzó a reflejar quién realmente era, dejando la apariencia natural atrás.

Cuando entramos en comunión a solas con Dios empezamos a reflejar quiénes somos realmente y qué hay dentro de nosotros: la presencia de Dios. Por ende, descubrimos nuestro verdadero valor.

Todos tenemos dificultad para sentirnos a gusto cuando estamos solos. Quizás detestamos la soledad porque tememos estar con la persona que más odiamos en este mundo: nosotros mismos. Esto sucede porque no hemos hecho las paces con el que se asoma al espejo cada mañana. Por eso es necesario acudir a Dios, quien nos ayuda a aceptarnos tal cual somos y a valorarnos como Él nos valora.

4. Ríndete completamente a Dios

La última lucha y la máxima que Jacob tuvo fue en Peniel.

> «…y luchó con él un varón hasta que rayaba el alba. Y cuando el varón vio que no podía con él, tocó en el sitio del encaje de su muslo, y se descoyuntó el muslo de Jacob mientras con él luchaba. Y dijo: Déjame, porque raya el alba. Y Jacob le respondió: No te dejaré, si no me bendices».
>
> —Génesis 32:24–26

Jacob se dispuso a luchar con todas sus fuerzas. ¿Qué más podía hacer? Luchar era todo lo que sabía. Quizás el «suplantador» dijo: «Bien que mal, he llegado hasta aquí peleando, si voy a pasar al próximo capítulo lo haré de la misma forma, aunque tenga que luchar con Dios mismo». Y eso, era justamente lo que estaba haciendo.

Frente a él estaba el último recurso, su única esperanza. De alguna manera, Jacob entendió que la bendición no podía conseguirla de mano de su hermano o de su padre, debía venir de Dios mismo. Pero la fuerza de la pelea no era el medio para el cambio.

> «Y cuando el varón vio que no podía con él, tocó en el sitio del encaje de su muslo, y se descoyuntó el muslo de Jacob mientras con él luchaba».
>
> —versículo 25

119

Dios tuvo que herir al peleador para postrarlo.

El quebrantamiento es lo único que nos sana de la religión, y nos tira al piso, humillados, diciendo: «No puedo hacer nada por mí mismo». Aquel que pelea cree poder alcanzarlo, por eso pelea. El fariseo peleaba con todos los hombres, consigo mismo y hasta con su Dios para demostrar que podía alcanzar la santidad por sí solo. Pero su orgullo lo dejó en la miseria espiritual.

En cambio, Peniel es el lugar en donde el hombre reconoce que no puede y queda postrado, esperando en Dios. Cuando admitimos nuestra debilidad y limitación humana le abrimos paso al poder de Dios. Sólo allí, el hombre natural es quebrantado y cede el lugar a Dios. Eso se llama rendición total y consagración: cuando nos abandonamos totalmente en las manos de Dios.

Es imperativo que aceptemos el hecho de ser anulados, reducidos a nada, para que Dios lo sea todo en nosotros.

Vuelvo a citar a Arthur Burt quien dice: «*Dios hace mucho con poco, más con menos y todo con nada*».

Wes King, el cantautor norteamericano describe este momento con una destreza maravillosa en su canto «Magnífica Derrota» [3]:

¿Cuál es el sentido
De estar aquí?
No he tenido una zarza ardiente
O voces en mi oído
En todos estos años.
No he visto maná ni ángeles aparecer.
Mas ahora anhelo la paz de mi alma.

He divagado de polo a polo
y aquí estoy postrado,
quebrado a tus pies regocijándome
ante esta magnifica derrota.
He luchado toda la noche,
las sombras esconden
el rostro de aquel al que enfrento.
Amado enemigo que demandas mi vida
y todo lo que soy
pero entonces me bendices
Y me la devuelves otra vez.

4. Atrévete a confesar

«Y el varón le dijo: ¿Cuál es tu nombre? Y él respondió: Jacob».

—Génesis 32:27

¿Dónde estás? ¿Qué has hecho? ¿Quién eres? ¿Cómo te llamas? Estos son los interrogantes divinos ante una raza que se esconde detrás de un arbusto como lo hiciera Adán. Sin embargo, Él nos invita a salir de nuestro escondite y ser transparentes. Dios busca confrontarnos para que confesemos. Nos pregunta si tenemos las agallas de admitir quiénes somos y qué nos está pasando. Si tenemos el coraje de decir nuestro nombre.

Brennan Manning, autor del extraordinario libro *El hijo de Abba,* nos indica lo crucial que es nuestra decisión en esta encrucijada:

121

«Cuando recaí tuve dos opciones: volver a la culpa, el temor y la depresión; o correr a los brazos de mi Padre Celestial. Escoger vivir como una víctima de mi enfermedad; o decidir confiar en el amor inmutable de Abba».[4]

¿Cuál es tu lucha? ¿Tienes la capacidad de admitir cuál es tu problema? ¿Puedes responsabilizarte por el mal con el que estás luchando? Si puedes confesar quién eres, qué te está sucediendo y qué cosas te hacen sufrir, entonces Dios puede liberarte. La necesidad de transparencia y de admitir nuestra vulnerabilidad es un principio de vida. Debemos reconocer nuestra imperfección.

Jacob pudo haber dicho: «Es que mi padre nunca me quiso» o «Esaú es un tonto». Puedes seguir culpando a tus padres, a tu país, a tu mala suerte, pero mientras repitas las palabras de Adán o de Eva: «Fue la serpiente», no serás transformado.

La confesión honesta ante Dios es el punto de partida para que Su intervención poderosa tome lugar en nosotros. Por otra parte, la confesión ante nuestros hermanos es el canal por el que salimos de las tinieblas que hay en el corazón y recibimos la luz sanadora de Dios.

La confesión ha sido un punto clave en mi vida. Fui literalmente forzado a entrar en ese proceso de poder definir con palabras, hablar delante de Dios, delante de un amigo, de una hermano, quién soy en esencia.

La confesión fue también importante en la vida de Jonás. Mientras estuvo encerrado en el vientre del pez durante tres días, aislado en su autosuficiencia, reconoció que el pecado lo mantenía encerrado. Entonces reconoció y dijo: «Pagaré mis votos al Señor. Me rindo, haré lo que tú digas». En ese instante el pez lo vomitó en la playa. Necesitas aceptar y confesar. Identificarte con Jesús para poder ser libre. En el libro de Isaías capítulo 53, Él se llama a sí mismo el «siervo sufriente», el «varón experimentado en quebranto», que no esconde sus heridas sino que las enseña, porque cuando las muestra lleva libertad a otras personas. Admite, confiesa, habla, busca ayuda. «Mas todas las cosas, cuando son puestas en evidencia por la luz, son hechas manifiestas; porque la luz es lo que manifiesta todo» (Efesios 5:13).

La confesión es lo único que permite que las tinieblas sean expuestas a la luz y se conviertan en libertad y en sanidad. Fue así que Jacob admitió su identidad, su pecado y comenzó su cambio.

Pero él dijo al Señor: «Me llamo suplantador».

Luego de la confesión ingresamos a una dimensión espiritual totalmente distinta.

6. Déjate marcar por Dios

«Y el varón le dijo: No se dirá más tu nombre Jacob, sino Israel; porque has luchado con Dios y con los hombres, y has vencido. Y llamó Jacob el nombre de aquel lugar, Peniel; porque dijo: Vi a Dios cara a cara, *y fue librada mi alma*».

—Génesis 32:28–30, énfasis del autor

123

Al ver a Dios cara a cara, tu alma será libre. Dios tiene un nombre nuevo para aquellos que caminan por el puente de la confrontación, que atraviesan el camino angosto de la confesión y que llegan al altar de la rendición total. En la medida que nos acercamos diariamente a Dios y nos identificamos con Jesús y su obra, nuestra faz interna comenzará a revelar la gloria de Su presencia. Nuestra alma encontrará descanso en la nueva identidad que nos trae el nombre nuevo que nos es dado. El suplantador dejó atrás su vergüenza, ahora era llamado «Israel».

Dios te dice que tu nombre ya no será más indigno, impuro, perverso. Él tiene en Su presencia un nombre nuevo para ti, una nueva naturaleza para tu vida. Él te dice:

«Tú eres mi hijo amado, eres la niña de mis ojos, eres mi especial tesoro, una diadema en mi frente, eres mi palacio, eres el templo de mi espíritu. Tú eres mi Sión, eres la tierra que yo deseé, la Nueva Jerusalén, la ciudad donde viviré eternamente. Ese es tu nombre nuevo: Descúbrelo. Ya no eres un anónimo, eres mi hijo, mi familia. Antes eras un cobarde, ahora eres un guerrero».

> «Entonces Jacob le preguntó, y dijo: Declárame tu ahora nombre. Y el varón respondió: ¿Por qué me preguntas por mi nombre? Y *lo bendijo allí*».
>
> —Génesis 32:29, énfasis del autor

Estas son las buenas noticias, las palabras que la generación del silencio de nuestros padres no pudieron comunicar, pero que ahora Dios nos participa. Es nuestra nueva identidad en Dios que está expresada en cada palabra salida de Su boca y escrita en la Biblia.

> «Ahora, así dice Jehová, Creador tuyo, oh Jacob, y Formador tuyo, oh Israel: No temas, porque yo te redimí; te puse nombre, mío eres tú… Porque a mis ojos fuiste de gran estima, fuiste honorable, y yo te amé; daré, pues, hombres por ti, y naciones por tu vida».
>
> —Isaías 43:1–4

Deja que esas palabras se hagan vida en ti cuando vienes a Peniel. Mientras esperas allí, permítele a Dios quitar los nombres con que el enemigo te llamó, y en su lugar, deja que te selle con Su marca de amor.

> «Y cuando había pasado Peniel, le salió el sol; *y cojeaba de su cadera*».
>
> —Génesis 32:31, énfasis del autor

> «Pero Esaú corrió a su encuentro y le abrazó, y se echó sobre su cuello, y le besó; y lloraron».
>
> —Génesis 33:4

Mejores son dos que uno:
porque tienen mejor paga de su trabajo.
Porque si cayeren, el uno levantará a su
compañero; pero ¡ay del solo!…
y si alguno prevaleciere contra uno,
dos le resistirán; y cordón de tres
dobleces no se rompe pronto.

—*Eclesiastés 4:9-12*

Capítulo 7

Mejores son dos...

En noviembre de 1992 participé en un congreso de adoración, en la ciudad de Guatemala. Daniel Argüijo, el guitarrista que me acompañaba, me habló mucho sobre un matrimonio que había conocido durante esos días y que lo había impactado.

Las actividades fueron tantas que no pude conocerlos sino hasta el final del congreso. Esa noche mientras esperábamos que la reunión comenzara, Juan Carlos Alvarado, quien dirigía el evento, nos pidió que saludáramos a algunas de las personas que se encontraban a nuestro alrededor. Al voltear me encontré con un matrimonio a mi lado y los saludé. Cuando los abracé sentí una tremenda paz y amor:

—Tienes que ser pastor— le dije.

—¿Cómo lo sabes? —, respondió sorprendido.

—Es que solamente alguien que tiene un corazón de pastor puede abrazar así, —repliqué sin vacilar.

Luego de reírnos un rato, se presentó diciendo:

—Soy Rey Matos y ella es Mildred, mi esposa.

De inmediato me di cuenta que era la pareja de la que tanto hablaba Daniel. Sentí como si nos conociéramos de toda la vida.

Al día siguiente fuimos a pasear al lago Atitlán, navegamos por algunas horas y pudimos compartir un hermoso tiempo juntos. Esa tarde nació una amistad maravillosa. Ocho meses después, en julio de 1993, visité Puerto Rico por primera vez como respuesta a la invitación del primer Congreso de Alabanza que los Matos organizaban.

Una de mis oraciones en ese momento de mi vida era que pudiera establecer amistades con personas a quienes pudiera «dar cuenta» de mi vida.

En mi segunda visita a la casa de los Matos, en septiembre del '93, las circunstancias por las que estaba atravesando en ese año me llevaron a entablar esa relación con Rey. Nos sentamos en el balcón de su casa a la medianoche y hablamos hasta las seis de la mañana. Por primera vez en mi vida, abrí el corazón ante alguien y dejé ver mis luchas, errores y temores. Mientras Rey escuchaba mi historia, sentí que se iba quitando un peso de mí y que mi alma se asomaba a la luz de Dios

Cuando terminé de hablar, lo miré tímidamente como si no supiera qué reacción provocarían mis palabras. Sin embargo, encontré lo último que esperaba: una mirada de amor, de aceptación y de esperanza. Era la mirada sanadora de Dios, el Padre. Rey compartió mis cargas, comprendió mis temores y me ofreció una mano, diciéndome: «No estás solo, vamos a salir adelante juntos».

La amistad de Rey enriqueció tremendamente mi vida con la sinceridad y la confrontación de un hermano y con la sabiduría oportuna de un padre. Como parte del proceso en que Dios me había introducido, busqué establecer ese tipo de relación con mis pastores en Costa Rica. Al buscar apoyo en ellos, encontré igualmente una respuesta de amor. Hoy en día, tanto Raúl Vargas, como Erick Linox saben de mis luchas, mis dificultades y todo sobre mi vida. Ellos son mi apoyo de oración, de sabiduría y de consejo tanto a nivel personal como ministerial. Todo esto sucedió luego de aquella larga conversación con Rey Matos.

Es necesario abrir el corazón y confiar en otras personas para recibir a través de ellas lo que Dios quiere hacer en nuestra vida. Si buena parte de las heridas que los humanos llevamos fueron causadas por otros, Dios usará a otros seres humanos para sanarlas.

En el relato bíblico de primera de Samuel leemos que Elí estuvo al lado de Ana en su momento de crisis, y fue el instrumento para darle una palabra de bendición: *«Dios te bendiga y te conceda las peticiones de tu corazón»*. Ana escuchó la voz de Dios en los labios del sacerdote y volvió a su casa cambiada.

Dios utiliza la amistad y la presencia de sus hijos a nuestro alrededor para lograr varios propósitos en nosotros:

1. *Hacer Su voz y su bendición palpable y evidente a nosotros.*
2. *Ayudarnos a llevar las cargas emocionales y espirituales con las que estamos lidiando.*
3. *Suplir la carencia de amor paternal y fraternal. La iglesia es un instrumento de redención y restauración a través de sus miembros. Por ejemplo, los hombres somos llamados a proveer esa figura paternal que necesitan los huérfanos, los hijos de las viudas, los niños de la calle y los jóvenes sin hogar.*
4. *Confrontar el pecado en nosotros o protegernos de caer en él.*

Samuel confronta el error de Saúl (1 Samuel 15:10–24).

Pablo reprende la conducta inconsistente de su colega Pedro (Gálatas 2:11–12).

Natán, uno de los mejores amigos de David y colaborador cercano, confronta el pecado del rey y al hacerlo lo libra de la destrucción (2 Samuel 12:1–13).

«Fieles son las heridas del que ama…»
—Proverbios 27:6

5. *Darnos dirección y sabiduría a través del consejo.*

«Pobreza y vergüenza tendrá el que menosprecia el consejo; mas el que guarda la corrección recibirá honra».
—Proverbios 13:18

«El oído que escucha las amonestaciones de la vida, entre los sabios morará».

—Proverbios 15:31

«El ungüento y el perfume alegran el corazón, y el cordial consejo del amigo al hombre».

—Proverbios 27:9

El zorro y la amistad

Quiero compartirte una anécdota que puede ilustrar la importancia que tienen nuestros amigos.

Una tarde mientras estaba trabajando en mi oficina, le pedí a Flor, mi secretaria, que fuera al otro cuarto a buscar una resma de papel.

A los pocos minutos, escuché un grito. Salté de la silla para ver lo que sucedía y la vi venir diciendo:

—Hay un animal encerrado en ese cuarto.

—¿Qué animal?, —pregunté, porque no teníamos mascotas en esa casa.

—Un animal con dientes afilados, tienes que sacarlo de ahí—, decía sorprendida.

—*Espero que no haya ningún animal allí* —pensé— *porque no quiero tener que atraparlo.*

Tomé en mis manos una escoba, abrí la puerta del cuarto y comencé a mover las resmas de papel que estaban guardadas. ¡Qué gran sorpresa me llevé cuando un hocico largo y negro quiso atacar la escoba! Era lo que en Costa Rica

131

llamamos un «zorro», de color gris oscuro, con el hocico bien alargado y la cola como la de un ratón de veinticinco centímetros o más. ¡Horrible animal! Retrocedí, y al golpearlo salió corriendo y se escondió debajo de un mueble.

Entonces Flor corrió a traer una pizarra para tapar la entrada de la puerta y evitar que el animal escapara. En ese momento un pensamiento cruzó mi mente: *«Este animal está atrapado en este cuarto y nosotros estamos encerrados con él».*

Comencé a golpear el mueble insistentemente para que saliera hasta que enfurecido el animal se lanzó contra mí. Le di un golpe y lo tiré contra la pared. Trató de salir por la ventana pero no pudo y nuevamente me atacó.

Lo azoté con la escoba pero no había manera que el animal cediera. Entonces corrió hacia la puerta donde estaba Flor. Fue entonces que lo golpeé por la cabeza hasta que finalmente lo derribé. Lo pusimos dentro de una caja de cartón y la cerré. Juan Carlos, mi asistente y amigo, comenzó (de una forma desesperada) a cerrar esa caja con cinta para que el zorro no escapase.

Cuando tomamos la caja para llevarla a la calle, el terrible animal salió por un hueco de la esquina de la caja que quedó sin sellar. Este tipo de animal se caracteriza por ser escurridizos y se acomodan en espacios en los que aparentemente no caben.

Corrió nuevamente hacia la puerta donde estaba mi secretaria. Otra vez lo presioné con la escoba y le di un golpe tan fuerte que salió despedido por el aire, y fue a caer justo encima de Juan Carlos.

Solamente puedo recordar la cara de Juan Carlos. Se puso totalmente rojo, los ojos se le abrieron casi hasta desorbitarse, y lo escuché gritar: «¡Ay, Dios mío!» Nunca olvidaré esa expresión de pánico. Lo cómico del asunto, es que mis compañeros me contaron luego que mi rostro no distaba mucho de aquella terrible expresión.

Finalmente lo derribé y lo metimos otra vez en la caja, y después de cerrarla muy bien nos deshicimos de él. (No me pregunten cómo...)

Pocos días después el Señor nos mostró que toda esta experiencia tenía un mensaje importante. Esta preciosa amistad que tengo con Juan Carlos y su familia por dieciocho años, debía entrar en una etapa más profunda. El Señor no sólo llamó a mi amigo a ser un colaborador clave en mi ministerio, sino que también un apoyo espiritual para compartir mis cargas.

Juan Carlos es otra de las personas a las que he dado permiso de hablar a mi vida de parte de Dios. Es alguien que se ha puesto en las manos de Dios para ayudarme a «sacar» cualquier cosa que pueda estorbar el fluir del propósito divino en mi vida.

Charles Swindoll dice en su libro *Baje la guardia* que los amigos son como los espejos retrovisores de un auto porque nos ayudan a proteger los ángulos ciegos al conducir. Esto quiere decir que ellos nos ayudan minimizar el riesgo de tropezar y caer.

«Cazadnos las zorras, las zorras pequeñas, que echan a perder las viñas...» (Cantar de los Cantares 2:15).

Padre de huérfanos…
Es Dios en su santa morada.

—Salmo 68:5

Capítulo 8

EL ABRAZO DEL PADRE

Inicié este libro compartiendo mi experiencia con Dios a los 19 años. Al sentir Su amor que me buscaba sin desistir, volví rendido a Sus pies. En mi corazón se manifestó una sed tan intensa por la presencia de Dios que me llevó a pasar varias horas en oración y adoración al final de cada día. Aprendí a esperar quietamente a Dios.

El Espíritu Santo me enseñó a seguir su guía en la oración y poco a poco me sumergí en la deliciosa profundidad de la adoración. Pasé horas postrado, cantando y danzando ante Dios. A menudo buscaría las Escrituras para escuchar al Padre hablándome, y al hacerlo, me mostraba en qué consistía ese nombre nuevo que Él me había dado. Era la imagen que Él tenía de mí y que había registrado cuidadosamente en Su Palabra para que yo la aprendiera. El libro de Isaías se convirtió en una fuente poderosa de renovación para mis pensamientos y en un consuelo para mi alma.

Una tarde, mientras adoraba al Señor le presenté un reclamo. Una de las dinámicas de la adoración que descubrí fue la de sentarme y conversar con Dios, y algunas veces preguntarle ciertas cosas.

El rey David dijo:

> «Una cosa he demandado a Jehová, ésta buscaré; que esté yo en la casa de Jehová todos los días de mi vida, para contemplar la hermosura de Jehová, y para inquirir en su templo».
>
> —Salmo 27:4

Mientras David contemplaba la hermosura del Señor, inquiría. La palabra «inquirir» significa preguntar, investigar, indagar. Esto era lo que yo hacía esa tarde delante del Señor. Le cuestionaba diciendo: «Señor, ¿Por qué permitiste que pasaran algunas situaciones difíciles en mi familia? ¿Dónde estabas cuando atravesaba por esos momentos? ¿Por qué nuestra familia no tuvo la imagen del padre que necesitábamos?»

Mientras oraba comencé a revivir imágenes de una de las situaciones más fuertes vividas en mi niñez. Me vi en mi habitación durmiendo, cuando oí la voz quebradiza de mi madre diciéndome: «¡Danilo, Danilo, levántese!».

Me levanté de aquel viejo catre metálico de color celeste que estaba ubicado en el extremo derecho de mi cuarto. Las viejas paredes de madera cimbraban a causa de los golpes que venían de la cocina.

Vi volar una silla frente a mí. En cuestión de segundos mi mente de niño se figuró lo que pasaba. Luego vi salir a papá rápidamente y golpear la puerta con tanta fuerza que creía que se desplomaría la casa. Corrí a la cocina, todo estaba roto, inclusive el vidrio del horno. Aquello era un gran desorden, algo terrible había sucedido.

Cuando volteé a buscar a mamá vi que ella estaba llorando y pedía ayuda mientras abrazaba a mi hermano menor que tendría sólo dos o tres años. Comprendí entonces que aquella era otra de esas pesadillas que se viven despiertos. No era la primera vez, ni sería la última, pues cada vez que mi padre bebía, perdía la razón y apuntaba con toda su furia hacia mamá.

Mi madre tenía toda su ropa de dormir manchada en sangre por una herida en su nariz.

Me senté en el borde del catre deseando ser adulto para golpear a mi padre. Pero al mismo tiempo un terrible temor y una gran sensación de impotencia se apoderaron de mí y rompí a llorar desesperadamente.

Recuerdo a mi madre junto a mi cama relatándome lo sucedido. Eran las seis de la mañana y ella se había levantado —como era su costumbre— a preparar a mis hermanos para ir a la escuela. Mientras el agua de la cafetera plateada hervía, ella lavaba la ropa a mano en la pileta de concreto rojizo que había en la cocina.

Escuchó el ruido de las llaves atravesando la cerradura de la puerta. Supuso que era mi papá, ya que su trabajo lo mantenía fuera de casa casi toda la noche y frecuentemente se quedaba unas horas con sus amigos jugando a las cartas. Cuando entró en casa, mamá escuchó tropiezos en su caminar a causa del alcohol.

Al cruzar el zaguán pasó por los dormitorios y llegó a la cocina, que estaba en el fondo de la casa. Tocó a mi madre en el hombro y ella no respondió. Las cosas entre ellos estaban mal, por lo que ella no tenía la menor intención de hablar. Al insistir con llamar su atención, mamá volteó hacia él para saber qué quería. Fue entonces que recibió un golpe de puño que se estrelló en su nariz, abriéndole una herida considerable.

Mi madre salió corriendo por el pequeño patio de tierra que daba a la calle. Abrió el picaporte y movió el portón de zinc para salir en busca de ayuda. Sabía que papá había perdido el sentido. Sin embargo, se detuvo al recordar lo inútil de su intento. Vivíamos en un barrio donde los comentarios corrían muy rápido, no había ni un amigo sincero. La vergüenza la obligó a regresar a la casa. Así fue que tomó a mi hermano en sus brazos y entró nuevamente. Entonces papá la empujó sobre la cama y luego decidió marcharse.

Al recordar lo sucedido esa mañana lloré muchísimo, y volví a preguntarle al Señor:

—¿Qué pasó? ¿Dónde estabas? ¿Por qué permitiste que mi papá fuera alcohólico y que sucediera todo eso?

El Señor respondió:

—Es que no has visto el cuadro completo, ¿Por qué no sigues mirando?

Continué con mis ojos cerrados y reviví toda la situación nuevamente. Vi mi habitación de izquierda a derecha. Me vi de espaldas sentado llorando en mi cama. Pude ver el sol entrando por la pequeña ventana frente a mí. Escuché salir a mi padre golpeando la puerta y el llanto de mi madre que se unió al mío.

—Continúa mirando hacia tu derecha— añadió el Señor. Justo a mi lado lo vi a Él extendiendo su brazo sobre mí mientras lloraba en silencio...

—Siempre estuve allí, —me dijo tiernamente—. Aún no me conocías, no sabías de mí, pero siempre estuve contigo. Soy el padre que necesitas, ahora es tiempo que encuentres en mí lo que no pudiste hallar en tu familia.

En el abrazo del Padre mi dolor se esfumó.

No hay circunstancia que su amor no conozca y que su consuelo no pueda sanar. Cuando percibes su amor todo resentimiento pierde su poder y el perdón aflora. Esa fue una de las experiencias más fuertes que viví en la presencia de Dios, y que sanó profundamente mi vida.

❧ ❧ ❧

La revelación de Dios como mi Padre se renueva y profundiza tomando nuevas formas a lo largo de los años. Conforme esto sucede, disfruto de la solidez y del reposo espiritual que trae la fe en Él. De hecho, la mano de Dios se hace más real y palpable conforme avanzo en la vida; solamente que ahora la vivencia no es tanto emocional sino que va más allá, va hasta mi espíritu.

Uno de los pasajes más difíciles de nuestra vida familiar fue la muerte de mi madre. Ella fue hospitalizada de improviso y luego de ser sometida a una intervención quirúrgica muy delicada, sobrevivió diez días hasta que finalmente murió el trece de septiembre de 1996. Las palabras no pueden describir lo doloroso de esta situación.

Cuando recuerdo aquel proceso me doy cuenta de lo real que fue la presencia del Padre celestial en medio de todo. Mientras escribía este capítulo abrí las páginas de un pequeño diario que acostumbraba escribir hace unos años. En él registré las palabras que el Señor me daba en algunos momentos cruciales y aunque nunca he sido muy bueno con esto de los diarios, tengo que admitir que me he beneficiado al recordar las promesas de Dios.

Lo que leerás lo escribí seis meses después de la partida de mi mamá a la presencia del Señor. El mismo registra lo que sucedió la noche anterior a su muerte. Mientras paseaba por el frío corredor del hospital me detuve a mirar por las ventanas que daban hacia las montañas de la capital y de pronto puede percibir la presencia de Dios a mi lado.

El «bip» de las máquinas resonaba en el pasillo. Eran las doce y mientras todo está oscuro, las enfermeras entran y salen.

La maternidad se muere. Quieres hacerlo todo y nada puedes.

Piensas… retratos de una lejana niñez. Recorres la vida pero con los ojos de una madre. Te preguntas cómo habrá sido todo para ella. La escasez y la soledad. La ilusión de ser madre y la desilusión de estar sola… El primer varón, los primeros pasos, la primera Navidad, el primer día de escuela.

La primera graduación… el primer salario… la prime-
ra chica… la primera boda y el primer nieto.
Piensas, piensas mientras la noche se hace día…
Y otra vez el olor a cloro de hospital,» bips» de máqui-
nas, un respirador y la lucha de una vida que se va…

Piensas en su historia y en tu futuro…

Sentí como si fuera el toque de una mano tibia en mi hombro, y escuché Su voz:

«Pienso en ti y también en ella, en esta noche les tengo
en mi pensamiento… todo va a estar bien».

En el abrazo del Padre se encuentra la fuerza para caminar por el valle de sombra y de muerte, sin temor alguno.

«¿No es Efraín hijo precioso para mí? ¿no es niño
en quien me deleito? pues desde que hablé de él,
me he acordado de él constantemente. Por eso
mis entrañas se conmovieron por él; ciertamente
tendré de él misericordia, dice Jehová».

—Jeremías 31:20, énfasis del autor

Como parte de los muchos ajustes que se dieron simul-
táneamente con la partida de mamá, me mudé de la casa
en que vivimos por diez años, a otra donde viviría solo.
Sería una estadía transitoria por lo que nunca terminé de

instalarme allí. Creo que mi casa/oficina fue una buena ilustración del proceso de transición que experimenté.

Una tarde lluviosa de junio, recibí la visita inesperada de un pastor y amigo muy querido: Hanz Morúa. Lo inesperado es parte del estilo de vida de este hermano pues nunca hemos planeado estos ratos de comunión, pero lo bueno es que Hanz siempre se aparece en el momento preciso. Mi amigo trae consigo la frescura del Espíritu Santo expresada en su oración y en el gozo constante que transmite.

Hanz se dirigió a la sala y me dijo que quería orar por mí; pero en vez de orar, comenzó a llorar y me abrazó. Pude percibir la presencia de Dios llenando de inmediato esa sala y mientras yo también comenzaba a llorar, la voz del Señor vino a través de él diciendo:

*«Yo te cubro, estoy levantando tu rostro... has dicho que te dejé, mi amigo sonrió y continuó diciendo: No, aquí estoy y es más, te estoy ungiendo con una unción de fuego que es un círculo alrededor de tu vida, que te protege.... Has anhelado estar en familia y eso es lo mismo que yo anhelo para ti; **siempre** estarás en familia. Yo soy un padre para ti y como tal lo haría, estoy aquí para verte alcanzar el éxito y celebrarlo contigo».*

Dios me visitó en junio y me dejó llorar en su hombro...

«Así que no temas, porque yo estoy contigo; no te angusties, porque yo soy tu Dios.

Te fortaleceré y te ayudaré; te sostendré con mi diestra victoriosa».

—Isaías 41:10, NVI

142

«El eterno Dios es tu refugio, y acá abajo los brazos eternos...»

—Deuteronomio 33:27

«Arriba está el Dios Sempiterno y abajo están los brazos eternos».

—Deuteronomio 33:27, Biblia anotada de Dake

Sea lo que sea que abrace, la verdadera
experiencia cristiana siempre debe incluir
un encuentro genuino con Dios.
Sin eso la religión es como una sombra,
una reflexión de la realidad, una
copia barata de un original que
alguna vez fue disfrutado por alguien
de quien hemos escuchado.

—*A.W. Tozer*

Capítulo 9

EL PRIVILEGIO DE ADORAR A DIOS

Isaías capítulo seis es un texto clásico en cuanto al tema de la adoración. Allí se registra el encuentro que el profeta tuvo con Dios y que marcó su vida. Este hecho nos describe en esencia lo que es adoración.

Se nos dice:

> «En el año que murió el rey Uzías vi yo al Señor sentado sobre un trono alto y sublime, y sus faldas llenaban el templo. Por encima de él había serafines; cada uno tenía seis alas; con dos cubrían sus rostros, con dos cubrían sus pies, y con dos volaban. Y el uno al otro daba voces,

diciendo: Santo, santo, santo, Jehová de los
ejércitos; toda la tierra está llena de su gloria.
Y los quiciales de las puertas se estremecieron
con la voz del que clamaba, y la casa se llenó de
humo. Entonces dije: ¡Ay de mí! que soy muerto; porque siendo hombre inmundo de labios, y
habitando en medio de pueblo que tiene labios
inmundos, han visto mis ojos al Rey, Jehová de
los ejércitos».

—Isaías 6:1–5

Este texto contiene dos verdades importantes para des-
tacar. La primera de ellas es que Isaías tiene el privilegio
de contemplar a Dios en Su gloria. El Señor corrió un velo
e invitó a su siervo a mirar Su majestad. Ese «develar» es
lo que hizo posible este encuentro y esa «contemplación»
asombrada del profeta. Esto es en esencia la adoración.

Isaías descubre que el Dios al quien él ha servido era
mucho más sublime y más poderoso de lo que él pensaba.
Isaías fue sacudido y estremecido por aquella visión. La
gloria de nuestro Dios siempre escapará de lo que la mente
humana pueda captar, entender e incluso soportar.

Siendo un ungido del Señor tuvo que caer de rodillas
y clamar por su propia condición espiritual al mirar la
majestad de Dios. Esta es la segunda verdad importante
que encontramos aquí: Isaías respondió a la revelación de
Dios de la mejor manera que un ser humano puede hacerlo. Se postró y clamó a Dios: «¡Ay de mí! Reconozco mi
condición y te necesito».

De lo anterior se deriva otra verdad especialmente relevante: Antes de que podamos adorar necesitamos que primero Dios se nos revele.

¿Sabes una cosa? En este sentido Dios siempre ha dado el primer paso para que tú y yo podamos conocerle, por eso estamos aquí, en conexión a través de este libro porque Él se nos reveló y tenemos una fe en común.

Resumiendo lo mencionado anteriormente podemos decir:

«¿Qué es entonces adoración? Es prestar atención a la revelación de Dios (ya sea una especial, La Biblia la revelación general) y responder a ella».[5]

John MacArthur, un exitoso escritor cristiano, declaró en un artículo de la revista *Discipleship Journal*, lo siguiente:

«La esencia y el corazón de la adoración es un deseo intenso y no egoísta de darle a Dios. Ese deseo comienza con la entrega de nosotros mismos, luego la entrega de nuestras actitudes y nuestras posesiones, hasta que la adoración se convierte en un estilo de vida».

Allen y Borror citan a William Temple quien define la adoración de forma profunda al decir:

«Adoración es el despertar de la conciencia del hombre por la santidad de Dios. Adoración es alimentar la mente con la verdad divina y limpiar la imaginación con la belleza de Dios, abrir el corazón al amor de Dios y entregar la voluntad al propósito de Dios».[6]

El libro de los Salmos llama a la raza entera a adorar a Dios en la forma correcta:

«Tributad a Jehová, oh hijos de los poderosos. Dad a Jehová la gloria y el poder. Dad a Jehová la gloria debida a su nombre; adorad a Jehová en la hermosura de la santidad».

—Salmo 29:1

En el Salmo 104, David nos dice: «Jehová, Dios mío, mucho te has engrandecido; te has vestido de gloria y magnificencia».

¿Cómo es que respondemos correctamente a un Dios con tales dimensiones de gloria y carácter? Adorándole en la hermosura de Su santidad.

Otro de los salmos, el 18, tiene una serie de declaraciones y confesiones del salmista delante de Dios que son maravillosas.

«En mi angustia invoqué a Jehová, y clamé a mi Dios. Él oyó mi voz desde su templo, y mi clamor llegó delante de él, a sus oídos. La tierra fue conmovida y tembló: se conmovieron los cimientos de los montes, y se estremecieron, porque se indignó él. Humo subió de su nariz, y de su boca fuego consumidor; carbones fueron por él encendidos. Inclinó los cielos, y descendió; y había densas tinieblas debajo de sus pies. Cabalgó sobre querubín, y voló; voló sobre las alas del viento. Puso tinieblas por su escondedero, por cortina suya alrededor de sí; oscuridad de aguas, nubes de los cielos. Por el resplandor de su presencia, sus nubes pasaron; granizo y carbones ardientes. Tronó en los cielos Jehová, y el Altísimo dio su voz; granizo y carbones de fuego. Envió sus saetas, y los dispersó; lanzó relámpagos, y los destruyó...»

—Salmo 18:6–14

Note las palabras con las que este hombre describe la intervención de Dios a su favor y al de sus hijos. No es simplemente retórica, la misma tiene que ver con la manifestación de Dios a un nivel y en una forma que no estamos acostumbrados a verlo.

¡Nuestro Dios es terrible! Me pregunto si estamos respondiendo adecuadamente a ese Dios que se nos describe en los Salmos. ¿Tenemos en mente esta clase de perspectiva acerca de Dios cuando cantamos una canción mientras terminamos de mascar un chicle? ¿Habremos perdido esa sensación de asombro que invadió al salmista al igual que a Isaías?

Los discípulos subieron al monte con Jesús para estar en la presencia de Dios, y ante su asombro, el rostro de Jesús fue transformado como el resplandor del sol, sus vestidos resplandecían con una blancura que ningún jabón podría conseguir jamás (nos dice el evangelista). Y como si eso fuera poco, mientras una nube de luz los cubría, una voz como de trueno dijo: *«Este es mi hijo amado en quien tengo complacencia».*

¿Qué estarían pensando los discípulos?

Quizás decían entre ellos:

«Creímos que estábamos con Jesús nuestro amigo, el «cuate». Con él hemos jugado, hasta le hicimos bromas ayer. Pero, ¿Quién es éste que está con nosotros? ¿Qué clase de hombre es éste que esta caminando con nosotros? Está vestido de carne como nosotros pero por dentro tiene algo que no entendemos, ¡una gloria que es más sublime que los cielos enteros!».

¡Los discípulos se derritieron como mantequilla a Sus pies!

En el dramático desenlace de la historia de Job, el Señor toma la palabra para cuestionar los argumentos de sus amigos. En su eterna sabiduría, el Señor confronta las limitaciones del hombre ante la vastedad de su poder y conocimiento:

«¿Dónde estabas tú cuando yo fundaba la tierra? Házmelo saber, si tienes inteligencia… ¿Quién encerró con puertas el mar?… ¿Has entrado tú hasta las fuentes del mar, y has andado escudriñando el abismo? ¿Te han sido descubiertas las puertas de la muerte y has visto las puertas de la sombra de la muerte?… ¿Por dónde va el camino a la habitación de la luz?… ¿Quién repartió conducto al turbión, y camino a los relámpagos y truenos... ¿Podrás tu atar los lazos de las Pléyades, o desatarás las ligaduras de Orión? ¿Sacarás tú a su tiempo las constelaciones de los cielos, o guiarás a la Osa Mayor con sus hijos?... ¿Quién puso la sabiduría en el corazón? ¿O quién dio al espíritu inteligencia?»

—Job 38:4, 8, 16–17, 24–25, 31–32, 36

Este santo hombre se queda mudo ante las palabras y la revelación de Dios y se arrepiente:

«Además respondió Jehová a Job, y dijo: ¿Es sabiduría contender con el Omnipotente?... Entonces respondió Job a Jehová, y dijo: He aquí que yo soy vil... Una vez hablé, mas no responderé; aún dos veces, mas no volveré a hablar.... De oídas te había oído; mas ahora mis ojos te ven. Por tanto me aborrezco, y me arrepiento en polvo y ceniza».

—Job 40:1–5; 42: 5–6

¿Quién es este Dios que se nos quiere revelar? Y, ¿quiénes son aquellos que van a poder adorarle?

El salmista se cuestiona la misma pregunta y responde diciendo:

«¿Quién subirá al monte del Jehová? ¿Y quién estará en su lugar santo? El limpio de manos y

151

puro de corazón; el que no ha elevado su alma a cosas vanas, ni jurado con engaño. Él recibirá bendición de Jehová, y justicia del Dios de salvación. Tal es la generación de los que le buscan, de los que buscan tu rostro, oh Dios de Jacob».

—Salmo 24:3–6

La santidad de vida, la rectitud de carácter y la devoción eran rasgos imprescindibles en aquellos que querían acercarse al Dios verdadero para adorarle. No cualquiera podía pretender entrar en Su presencia. De hecho, la figura de adoración del Antiguo Testamento es la de un sólo hombre, vestido con atuendos santos que podía presenciar la tibia luz que alumbraba el lugar santísimo con gloria. Un hombre, una sola vez al año, con una ofrenda por el pecado. ¡Nadie más!

¿Quién entonces podría calificar? NADIE, excepto Aquel Perfecto que en un sólo día y con una sola ofrenda abrió el camino para todos: ¡Jesús el Cordero!

El velo que nos separaba está roto desde entonces. El privilegio ahora está extendido a todos, pero no todos lo disfrutan.

Adorar a Dios no es barato....
cuesta la vida.

Capítulo 10

ROBARLE EL CORAZÓN A DIOS

¿Quiénes son aquellos que disfrutan Su presencia? Son aquellos que desean a Dios, a ellos les es revelado el secreto de Su presencia. Yo les llamo: los privilegiados de Dios. Pero, ¿será que Dios tiene favoritos? En un sentido no. Pero sí es cierto que a quienes deciden ponerlo a Él primero, los honra con Su amistad. Veamos quienes son esos dichosos.

La adoración es el privilegio de los hambrientos

Moisés era un hombre que presenció obras poderosas de Dios a lo largo de su vida. Él nunca olvidó la primera vez que sus oídos respondieron a la voz del Eterno en la zarza. Desde ese momento, la voz de Dios lo guió ante el desafío de un imperio rebelde y también lo consoló ante la incredulidad de su propio pueblo. Moisés había escuchado la voz de Dios. ¿Cuántos de nosotros podríamos decir lo mismo?

Moisés también presenció los poderes manifiestos de Dios tales como fuego, oscuridad, sangre, mortandad, los cuales afligieron a Egipto. Con cada plaga, la marca del dedo de Dios se grabó en la retina del alma de éste héroe de la fe.

Quién podría olvidar la escena del mar dividido en dos, como abriendo una senda de liberación para un pueblo que estaba a punto de perecer. Probablemente, Moisés nunca olvidó el escalofrío que las gotas de agua salada le produjeron al estrellarse con su piel. En su mente recordaba una y otra vez, el fuego incandescente del cielo guiándoles en su huida, aquella terrible noche en que Faraón los perseguía.

Una vez que fueron liberados de los egipcios, en el capítulo 15 del libro de Éxodo, Moisés se levanta y dice:

«Cantaré yo a Jehová porque se ha magnificado grandemente; ha echado en el mar al caballo y al jinete. Jehová es mi fortaleza y mi cántico, y ha sido mi salvación. Este es mi Dios, y lo alabaré; Dios de mi Padre, y lo enalteceré. Jehová es varón de guerra; Jehová es su nombre. ¿Quién como tú, oh Jehová, entre los dioses? ¿Quién como tú magnifico en santidad, terrible en maravillosas hazañas? ¿quién como tú?»

—Éxodo 15:1–3, 11

¿Quién podría poner en duda la autenticidad y la sinceridad de palabras como estas en este cántico de Moisés? Sobre todo viniendo de un hombre cuya existencia misma sólo se puede explicar por la intervención sobrenatural de Dios salvándole de las aguas. Él mismo fue un milagro.

Y, ¿qué decir de los pies temblorosos y el corazón palpitante cuando la voz como de trompeta lo llamó desde la espesa nube en la montaña? El pueblo salió corriendo mientras su caudillo subía al monte y atravesaba aquellas tinieblas oscuras, escuchó y vio a Dios. Moisés conocía a Dios y tenía los privilegios que otros habían rehusado.

Sin embargo, el caudillo de Israel nos revela un secreto de vida espiritual cuando él intercede por su pueblo, en Éxodo 33:11–18.

Las tablas quedaron rotas en mil pedazos pues el pueblo había quebrantado el pacto. Ante tal pecado, Dios le dijo a Moisés:

—¿Sabes qué, Moisés? Tengo malas noticias para ustedes. Yo había prometido llevarlos a la tierra prometida, pero no puedo ir con ustedes. Si este pueblo me vuelve hacer una de estas, es probable que mi ira se encienda y los consuma. Por lo tanto, no voy con ustedes, les envío un ángel.

—Señor, si he hallado gracia ante tus ojos, entonces revélame a quién enviarás, porque no queremos ir a una tierra donde tu presencia no esté. No queremos una tierra prometida sin Tí—, le ruega Moisés.

—Está bien, iré con ustedes. Has hallado gracia ante mis ojos y tengo que decirte que sí—, respondió el Señor.

Moisés obtuvo la primera cosa, ahora le pide la segunda:

—Si tu presencia no irá conmigo entonces no nos saques de aquí. Porque ¿en qué conocerán que somos tu pueblo, si tu presencia no vendrá con nosotros?

—También esto que pides te daré, iré contigo y te daré paz—, le confirma Jehová.

Entonces Moisés busca la tercera cosa: «Muéstrame tu gloria», (v. 18).

En pocas palabras Moisés le dijo:

—Te ruego que me dejes ver tu rostro, que se quite el velo que siempre estuvo allí, porque quiero adorarte, quiero conocerte.

El mismo hombre que vio a Dios, que escuchó Su voz, pero también el mismo hombre que no se conforma con las obras ni los milagros que le fueron revelados. **¡Ese hombre iba detrás de Dios!**

Si el lugar santo de la presencia de Dios está destinado para alguien, es para gente como Moisés, que tiene hambre de Dios. Personas que no se conforman con las experiencias del pasado, que no se resignan con leer o cantar de Dios. Ese lugar está reservado para quienes no se detienen hasta conseguir una vislumbre de la gloria del Dios al que ellos adoran. Dios responde de inmediato cuando encuentra una persona así.

A. W. Tozer, en su libro *The Pursuit of God,* dijo que Dios espera para ser deseado, no le muestra el rostro a cualquier persona sino a aquella que realmente tiene hambre de Él.

El pueblo de Israel escuchó también la voz que los llamaba al monte, pero cuando llegaron a cierta distancia salieron corriendo al mirar el esplendor y el terror de la montaña que ardía. En cambio, Moisés pasó esa línea, aunque en el proceso de buscar a Dios tuviera que morir. Es esa la gente a la que Dios le da el privilegio de adorarle.

¿Por qué la adoración en la iglesia se vuelve tan frívola y tan trivial? ¿Será que nuestro corazón no está realmente hambriento de Dios? ¿Cómo despertamos a esa sed? El teólogo A. W. Tozer también dijo que Dios siempre es previo a nosotros, y antes de que el hombre busque a Dios, Dios busca al hombre. Pero su obra previa debe encontrar en nosotros una reciprocidad positiva para que podamos vivir la experiencia de su presencia.

¡Es un milagro que nosotros queramos buscar a Dios! Él mismo produce semejante milagro en Sus hijos. Dios mismo sedujo a Moisés con milagros y portentos, y eso es lo que Él quería producir en sus hijos también.

Dios no regala milagros por todas partes como si fueran dulces sólo para que usted se deleite. Él manifiesta sus obras y milagros para seducir el corazón de sus hijos hacia Él mismo. Dios ya hizo su parte, ahora está esperando esa reciprocidad de nosotros que consiste en que usted y yo respondamos anhelándolo, buscándolo.

Esto va de acuerdo con lo que nos comparte A. W. Tozer sobre lo que dice el Salmo 63:8:

«Mi alma esta apegada a ti, tu diestra me ha sostenido».

El Señor le contesta a Moisés y le dice: «Tremenda cosa pides, no te puedo dar exactamente lo que pides, pero ven temprano mañana».

Al día siguiente estaba Moisés allí, en la cumbre del monte, esperando que Dios apareciera por allí. El cielo entero se cayó sobre esa montaña. La intensidad de la gloria era tanta que Dios tomó a Moisés y lo escondió en la hendidura de la peña. Luego, quitó su mano solamente para que este hombre lograra ver el final de las espaldas del Señor. Dios estuvo declarando Su nombre y marchando delante de Moisés con toda su gloria diciendo: «*Jehová, Jehová, fuerte, misericordioso y clemente, lento para la ira y grande en misericordia y verdad*».

Era la primera vez que Dios manifestaba esta acepción de Su Nombre, Moisés era el primero en escucharla.

Inmediatamente, él se tiró al suelo a adorar, y al bajar de la montaña, un tiempo después, su rostro manifestaba la gloria que él presenció durante varios días delante de Dios. Esa gloria lo había transformado porque tenía hambre y sed de Dios, no tenía compromisos con nadie, ni siquiera con las experiencias y con las glorias de su pasado. Él tenía sed de Dios.

La adoración es el privilegio de los que creen

Cada vez que Dios se acercó a Abraham lo hizo para ofrecerle algo. La primera vez que tuvo un encuentro con él, le dijo: «*Sal de esta tierra donde estás y yo te voy hacer grande y voy a bendecirte*», (Génesis 12:1–3). La segunda, tercera o cuarta vez que se encontraron en diversos puntos en la vida de este hombre, siempre el Señor le dijo: «*Mira las estrellas a ver si las puedes contar, así será tu descendencia, mira este valle delante de ti, mira la tierra delante de ti, ¿crees poder medirla? Así es la tierra que yo tengo para ti*».

Abraham se había acostumbrado a esas promesas de Dios en cada encuentro que tenía con Él. Se asemejaba a un niño que se recibe a su papá que regresa de un viaje, lo primero que pregunta no es: «¿Cómo te fue papá?» Mas bien dice: «¿Qué me trajiste?»

Esa noche Abraham vio al Señor acercarse a su tienda, se emocionó y no esperó que el Señor tocara el timbre sino que salió a su encuentro y le dijo:

—Señor, este... ¿Cómo estás?

—Abraham, ven acá. No traigo nada que ofrecerte esta vez—, le dijo el Señor.

—¡No importa, Señor, somos amigos, después de tanto tiempo, no tienes que traerme un regalo cada vez que sales de viaje! ¿Qué necesitas?

—¿Qué necesito?—, preguntó el Señor.

—Sí.

—Vengo a pedirte algo, vengo a pedirte...

—¿Sí? ¿Qué quieres?

—Vengo a pedirte la señal del trato. Vengo a pedirte aquello por lo que tus ojos se desvelan. Vengo a pedirte aquello te roba el corazón, aquello que te hizo escribir un diario, ahora que eres viejo. Vengo a pedirte aquello que hizo palpitar tu corazón más fuerte. Vengo a pedirte tus ilusiones, lo que más amas.

El Señor, en silencio, se dio media vuelta. Abraham bajo la cabeza, regresó a su tienda, también en silencio.

Muy temprano empacó las cosas, besó a su esposa en la frente y cuando ella despertó le dijo:

—Mi amor, nos vamos de viaje.

—¿Cómo? ¿Adónde?—, preguntó sorprendida.

—Tranquila, el Señor me pidió que lo adore. Me dio el privilegio de que lo adore—, respondió su esposo.

Tres días de camino preguntándose: «¿Qué pasará? ¿Qué voy hacer? ¿Cómo, después de tantos años? ¿Cómo me puede pedir esto si sabe que me está partiendo el alma? ¿Cómo, si es mi amigo, me está pidiendo algo que me causa tanto dolor?»

Al cabo de tres días, la montaña se ve cerca y el Señor le dice:

—Ésta es la montaña. Ya sabes lo que debes hacer.

Abraham deja sus criados cerca y les dice:

—No se preocupen, subiremos a la montaña a adorar. Volveremos a ustedes.

Una montaña que parece eterna, unas pisadas cada vez más pesadas y un corazón que confía…

Su hijo inquieto, mirando a su alrededor, comienza a contarlo todo. Revisa que la navaja esté en el bolsillo, las cuerdas, los fósforos, el canfín. Todo está listo. Entonces le pregunta a Abraham:

—Oye, papito, veo que todo está preparado para adorar al Señor, pero no encuentro dónde está la ofrenda.

Abraham, escondiendo la mirada le dice:

—Hijo mío, tranquilo, siempre que Dios nos llama a adorar, nos provee del cordero.

Al llegar a la cúspide levantan el altar. Cuando su hijo termina de colocar la leña, le toma las manos por atrás y se las amarra. El muchacho comienza a gritar:

—Papá, ¿qué estás haciendo?

Lo levanta, lo pone sobre el leño, trae un poco de tela y le tapa los ojos. El niño continúa gritando:

—Papá, ¿te has vuelto loco? ¿Qué estás haciendo? Su padre no puede decirle nada, sólo piensa:

—¡Tú no entiendes Isaac!, ¡Tú no entiendes y yo tampoco!

Toma la daga del bolsillo y la levanta con todas sus fuerzas listo para atravesar el corazón de aquel pequeño, de su esperanza y de su vida.

Tú no te emocionas porque sabes el final de la historia, Abraham no lo sabía. Él no levantó el puño para decir: «Muy bien Señor, ya llegué hasta aquí. Ahora te corresponde la segunda parte, tienes que llamarme. ¿Te acuerdas?: ¡Abraham, Abraham!».

Él sólo sabía que amaba a Dios sin reservas. Él sabía que el Dios a quien él adoraba, merecía ser adorado aunque eso costara la vida misma. Sabía que su Dios era bueno y por eso, era digno de ser adorado.

Durante aquellos tres días había repetido en su mente que si era necesario, Dios levantaría a ese niño de entre los muertos para cumplir Su palabra, porque adoraba a un Dios digno de confianza, por eso creía en Él.

Es fácil contar la historia, pero no lo es cuando se está en un punto de la vida cuando tienes que atravesar lo que amas y dejar ir lo que has sostenido. No es fácil adorar a Dios cuando el alma se parte en mil pedazos. No hay música hermosa de iglesia porque estás solo.

El reto es para ti y nadie más lo entiende. Es entonces cuando tienes que pesar la fe, que es la que ve a Dios cuando las nubes cubren el cielo, día tras día. Tu fe ve a Dios y se atreve a caminar sobre las aguas, aunque la tormenta es tan intensa que parece que te ahogas. Tu fe es la que te llama a lanzarte a lo que parece un abismo pero no lo es.

Adorar a Dios no es barato. Adorar a Dios cuesta la vida. Si adorar significara cantar canciones románticas como las que grabamos en un disco, sería cosa de niños. Pero, cada vez que tú y tu iglesia confiesan su pasión a Dios, les es tomado en cuenta para luego ser probado. Si no estás de acuerdo con lo que acabo de decir no estarías de acuerdo con el primer versículo de ese capítulo que dice: «*Probó Dios a Abraham*», (Génesis 22:1).

Me gusta el arte y hace unos años pude ver la pintura de un gran maestro, en el museo del Prado. Ese maestro describió a Abraham de espaldas como un hombre fornido, cuyos músculos están en tensión en el momento en que levanta el cuchillo para clavarlo sobre Isaac, que estaba delante de él. Lo que más me tocó de aquella pintura es aquel ángel, mucho más poderoso que Abraham, que lo tomó de la muñeca y lo tiraba hacia atrás, como diciendo: «Si no retengo fuertemente su muñeca, este hombre atraviesa a su hijo, y no puedo permitirlo».

Contemplar aquella pintura me hizo llorar, vi a Dios gritando desde los cielos a todo pulmón: «¡Abraham! ¡Abraham! ¡No toques al muchacho!».

Abraham tira el puñal y se postra delante de Dios y dice:

—Señor, ¿qué quieres ahora?

Y el Señor grita desde el cielo:

—Abraham, ahora sé que me temes y que no hay nada que tú me rehuses. Ahora sé que tu amor por mí es genuino y tu fe es perfecta.

Al instante se escuchó el ruido de un animal enredado entre las zarzas de aquel lugar. Abraham soltó las vendas de los ojos de su hijo y limpió sus lágrimas. Alegremente tomó aquel animal y lo sacrificó delante de Dios.

Hubo un tremendo gozo en los cielos. Los ángeles se codeaban unos a otros porque vieron a Dios más contento que nunca. Un ángel que había llegado tarde con curiosidad preguntó:

—¿Por qué Jehová está tan contento?

Y el ángel más sabio le dijo:

—Porque acaba de encontrar un amigo.

La adoración es el lugar de los que creen y esos son los amigos de Dios. El libro a los Hebreos, capítulo 11, verso 6, nos dice: *«Pero sin fe es imposible agradar a Dios; porque es necesario que acerca a Dios crea que le hay, y que es galardonador de los que le buscan».*

Abraham no hubiera podido adorar a Dios, a menos que hubiese creído en Su bondad de Dios. Una bondad que en su mente era a toda prueba, que no estaba en discusión, que estaba quemada en su espíritu.

La adoración es el privilegio de los apasionados de Dios

El texto del apóstol Juan, capítulo 12, nos dice que en la última semana de su vida, Jesús fue a Betania, uno de sus lugares favoritos. Marta, María y Lázaro le ofrecieron una cena. Marta servía, como era su costumbre y Lázaro estaba sentado comiendo, como también era su costumbre. Pero María estaba un poquito fuera de lugar…, como era su costumbre.

La primera vez que escuchamos de ella, estaba sentada con su vista perdida, anonadada, «ida» —diríamos en Costa Rica— mirando a Jesús enseñarle. Mientras tanto, Marta terminaba el espagueti que a Jesús tanto le gustaba. Intentaba terminar la salsa de tomate y arreglar la mesa. Paseaba de la cocina al comedor poniendo los platos y las cucharas, y en su camino manifestaba gestos de enojo al ver a María tan tranquila. Finalmente no pudo más, tiró la cuchara grande en el fregadero para ver si Jesús se daba cuenta, o si quizás María lo notaba:

—No puedo creer que llegue a tanto—, dijo en voz alta en lo que salía de la cocina hacia la sala.

Se apoyó sobre el marco de la puerta, y tomando el delantal lo puso a un lado y dijo:

—A ver Señor, un momentito, ¿no te preocupa ver a las personas ocupadas alrededor de ti? ¿No te preocupa que yo esté tan ocupada para que tú y María coman en unos pocos minutos? Está bien, no te voy a regañar a ti, pero ¿por qué no le dices algo a ella? Todo eso de orar y de buscar a Dios está bien, pero no nos pongamos tan fanáticos, y bajemos los pies a la tierra. Tenemos que cosas hacer.

—Marta estás afanada con muchas cosas—, fue la respuesta.

El Señor no le dijo que estaba mal lo que estaba haciendo sino que estaba afanada con muchas cosas. Entonces agregó:

—Hay una sola cosa que es necesaria, esta no le será quitada a María porque ella escogió la mejor parte.

La segunda vez que vemos a María cerca de Jesús fue cuando estaba llorando a sus pies diciendo:

—Señor, si hubieses estado aquí, mi hermano no habría muerto.

A diferencia de la queja de Marta, su llanto conmovió a Jesús. Le provocó acercarse a la tumba y unos minutos después levantó a Lázaro de entre los muertos.

La próxima mención que se hace de María, probablemente es esta: Hay una fiesta, mucho protocolo, celebraban a Jesús. Platos iban y venían, música, hombres que comían, mujeres que cocinaban y se asomaban por las ventanas y los biombos. Ellas no podían entrar aunque quisieran tener a Jesús cerca. Los hombres las miraban solamente para esperar un plato más, y María corrió ese biombo que separaba a las mujeres de los hombres. Escondió algo en su vestido, se acercó a Jesús mirando al suelo, porque sabía que los ojos de todos los demás probablemente estaban clavados en ella. Se tiró al suelo, se soltó el cabello como sólo una mujer de la calle lo haría en público, y de entre sus ropas sacó una pequeña botella. La quebró y al hacerlo ella se deshizo a los pies de Jesús.

Su perfume se mezcló con la arena, el sudor de sus preciosos pies y la sal de las lágrimas. Mientras María besaba los pies del Maestro en silencio, la fiesta se detuvo, la música se paró, los hombres se codeaban, las mujeres desde atrás la criticaban diciendo: «¿Quién es esta loca?» Otro muy espiritual dijo: «¡Qué desperdicio! ¿Cómo se le ocurre?»

Algunos decían que aquella botella era esa dote que su padre le había entregado siendo una niña para perfumar su cuerpo el día que tuviera el gusto de casarse, o en la eventualidad de que no tuviera la dicha de hacer tal cosa, alguien tendría el gusto de perfumar su cuerpo como una ofrenda póstuma antes de sepultarla.

Sea como sea, el perfume significaba mucho para aquella mujer, pero más significaba el atrevimiento de irrumpir donde no estaba invitada y hacer lo que no era propio, para postrarse a los pies del Señor.

Jesús calló las voces de crítica, frunció su seno cuando miró a esos hombres deseando criticarla y volteó hacia aquella mujer diciendo: «¡Cállense! Nadie la critique. Esta mujer sabe quién soy. Para mi sepultura ha hecho esto. Ella me dio la última ofrenda que alguien podría darme».

La otra ocasión en que una mujer tuvo semejante atrevimiento, Jesús dijo: «Donde quiera que el evangelio se predique, les encargo que se diga lo que esta mujer ha hecho, para memoria de ella».

Dios ama a los que están apasionados por él. No puedes adorar a Dios si no tienes un corazón encendido de pasión por Él. La iglesia no necesita mejores canciones para adorar, ni mejores cantores, ni músicos más experimentados. Algunos podríamos tener orquestas enteras tocando delante de nosotros y no nos moverían un pelo, mucho menos la fibra del alma, porque no es música sublime lo que necesitamos, es pasión lo que nos falta.

Cuando los apasionados adoran, basta una guitarra de palo o el silencio de una montaña. A los apasionados no los detienen las cadenas que hieren las muñecas y los pies. Tampoco les roba el cantar, el ardor del látigo en las espaldas.

A los apasionados el fuego los hace cantar hasta que no tienen más aliento y no les avergüenza morir desnudos delante de una nación.

Los apasionados son los que tienen el privilegio de adorar a Dios.

El Dios Santo, Sublime y Temible se deja tocar por aquellos que tienen pasión por Él, por aquellos que creen intensamente en Su bondad y por aquellos que tienen hambre de Su presencia.

Esas tres cosas le roban el corazón a Dios.

Mas no mi voluntad
sino la tuya.
—*Jesús*

Epilogo

EL JARDÍN DEL QUEBRANTAMIENTO

Los grillos cantaban su serenata mientras las luces de color ámbar comenzaban a encenderse a lo lejos en la ciudad. El lugar le era familiar. Solía pasar noches enteras en esa quietud, y mientras disfrutaba del olor de los viejos olivos, su alma saboreaba la fragancia de la presencia tierna del Padre.

Había sido un jardín de refugio... Pero esa noche, su único albergue sería la oración. Esa noche anticipada, profética, ineludible. Sus amigos roncaban, su alma temblaba y su compañera era la soledad. La plegaria se hizo angustiosa, tanto que entre gritos y sollozos, su frente se bañó de sudor sangriento.

En tanto que se estremecía con temblores y llantos, golpeaba la piedra donde se apoyaba al orar, y gritando al cielo decía: «Padre, si es posible, si hay manera, pasa de mí esta copa».

El dilema humano gritaba desde el corazón del Dios-hombre. La batalla de Moisés al volver a Egipto, el temor de Gedeón ante el reto del ángel, Jacob peleando con su Dios en Peniel, Elías echado bajo el enebro deseando morir, o un Jonás que lloraba encerrado en un pez, aquel lloraba su desobediencia, mas Jesús clamaba encerrado en un cuerpo mortal por obediencia.

El pulso acelerado en la tierra, los ángeles de pie en el cielo. Los santos del pasado aguardaban expectantes, el futuro pendía de un hilo y Jesús luchaba.

¿Qué le hacía temblar tanto? ¿Cuál sería el espanto que acobardaba al valiente carpintero?

No era el horror de los clavos que atravesarían sus muñecas y sus pies. Tampoco el pensar en el dolor de los golpes ingratos que le desfigurarían el rostro. No lloraba a causa de las espinas que perforarían su frente ni por la crueldad del látigo romano que rompería surcos en su espalda. Tampoco lo movía el dolor de ser vendido por un amigo o la vergüenza de morir desnudo ante sus amados.

Lo espantaba lo desconocido. Sí, la única cosa que el «Omnisciente» no conocía, lo que el «Amado» jamás había sufrido… el día siguiente mientras buscara apoyarse con dolor en sus pies atravesados y entre asfixias y calambres, cuando gritara: «Padre, Padre, ¿por qué me has abandonado?» Lo último que verían sus ojos eran las espaldas del juicio de Dios en vez del abrazo eterno del Padre. Su rechazo era la muerte misma…

Un toque en el hombro interrumpió la pesadilla. Jesús se limpió la sangre y el sudor de sus ojos para ver quién estaba allí y al levantar el rostro, el visitante corrió a retirar su tibia mano de los hombros fríos del Maestro, y tembloroso exclamó:

—Lo siento mi Señor.

—¿Quién eres?—, preguntó Jesús.

—Me llamaste Gracia, Señor—, contestó con timidez el mensajero mientras inclinaba el rostro hasta el suelo.

—¡Te he servido tantas veces en el Reino del Padre! Pero, entiendo que no me reconozcas… Ninguno de nosotros te miraría jamás a los ojos. ¿Cómo podríamos? ¡Oh, Magnifica Gloria y Sublime Excelencia! He sido enviado para ayudarte, pero ¿Cómo he de sostener al que se sostiene por su propio poder? ¿Qué te podría decir, ya que eres la Sabiduría misma? Tus ejércitos están atentos y en guardia. Ante el chasquido de tus dedos, millones vendremos a sacarte de aquí. Sabes, oh Capitán Valeroso, que jamás permitiríamos que nadie te hiciera daño… pero… nos diste órdenes de no intervenir.

El ángel se acercó entonces al oído del Señor y con voz firme pero respetuosamente le dijo:

—Humildemente quiero recordarte, Cordero Santo, que sólo Tú eres capaz de hacerlo. Si dices «no», la humanidad no tendrá esperanzas, ninguno de ellos volverá a casa…

Su rostro se iluminó con gloria. De repente, el Cordero miró lo que Su alma vino a buscar. Te miró a ti, me miró a mí junto a otros millares adorando al Padre por siempre…

173

Fue entonces que el Señor se puso de pie y con su mano derecha en alto exclamó:

«*Mas no mi voluntad sino la tuya*».

La voz corrió tan rápido como la luz e iluminó los cielos con alabanzas y a los infiernos llenó de temor. Los ángeles aplaudieron.

**En el rostro del Padre
se pintó una sonrisa
y una lágrima rodó
por su mejilla.**

NOTAS

1. *Abba's Child* 1994 NavPRESS, Colorado Springs Brennan Manning , pag. 40.
2. Keith Green 1980 Birdwing Music/Cherry Lane Music Publishing Co., Inc.
3, Uncle Ivan Music 1997/Sparrow Song/BMI. All rights admin. By EMI Christian Music Publishing.
4. *Abba's Child* 1994 NavPRESS, Colorado Springs, Brennan Manning, pag. 17.
5. *Adoración: redescubriendo la joya perdida.* Ronald Allen y Gordon Borror. 1982 Multnomah Press Portland, Oregon.
6. Ibid.

CASA CREACIÓN

Te invitamos a que visites nuestra página
web donde podrás apreciar la pasión por
la publicación de libros y Biblias:

www.casacreacion.com

 @CASACREACION

 @CASACREACION

 @CASACREACION

Para vivir la Palabra